敏捷型人才培养

王 琦◎著

人民邮电出版社

北 京

图书在版编目（CIP）数据

敏捷型人才培养 / 王琦著. -- 北京：人民邮电出版社，2024.2
ISBN 978-7-115-63731-4

Ⅰ．①敏… Ⅱ．①王… Ⅲ．①企业管理－人才培养 Ⅳ．①F272.92

中国国家版本馆CIP数据核字(2024)第015271号

内 容 提 要

在当今这个快速发展的时代，企业对人才的需求也在不断变化。传统的人才培养模式已经无法满足现代企业的需求，因此一种新的人才培养模式——敏捷型人才培养应运而生。

本书详细阐述了敏捷型人才培养的核心理念，包括快速响应、持续改进、灵活适应等，提供了一系列实用的模型、方法和工具，如敏捷型人才培养 3E 模式、敏捷型人才培养体系四支柱模型、关键岗位评估表、内训师体系建设五步法、战略需求调研表等，并通过大量的实例和案例，展示了敏捷型人才培养在实际工作中的应用和效果。

本书适合企业管理者、人力资源从业者、创业者和团队领导者，以及对敏捷型人才培养感兴趣的个人阅读和使用。

◆ 著　王　琦
　　责任编辑　程珍珍
　　责任印制　彭志环

◆ 人民邮电出版社出版发行　　北京市丰台区成寿寺路 11 号
　　邮编 100164　电子邮件 315@ptpress.com.cn
　　网址 https://www.ptpress.com.cn
　　北京天宇星印刷厂印刷

◆ 开本：700×1000　1/16
　　印张：14　　　　　　　　2024 年 2 月第 1 版
　　字数：230 千字　　　　　2025 年 11 月北京第 5 次印刷

定　价：69.80 元

读者服务热线：（010）81055656　印装质量热线：（010）81055316
反盗版热线：（010）81055315

前　言

人才培养体系的缺失让企业在人才困境中越陷越深
人才培养效果的缺乏让培训管理者的存在价值饱受质疑

在这个瞬息万变的时代，人才强企，人才兴企，仍然是不变的原则。企业不仅要生存，更要发展壮大。因此，增强企业的免疫力至关重要。资金链、人才链和学习力都是企业免疫力的重要组成部分。人才的价值无可置疑。然而，招聘困难和"人才荒"已成为许多企业面临的新常态。单纯依靠外部人才市场招聘已经无法满足企业的用人需求。那么，解决这个问题的方法是什么呢？《道德经》中有一句话："天地所以能长且久者，以其不自生，故能长生。"这句话的意思是，天地不会剥夺万物以成就自己，而是孕育万物，使万物生生不息，从而保持长久的存在。企业也应该像天地一样滋养人才，源源不断地培养内部人才，只有这样才能实现基业长青，永续经营。因此，解决这个问题的方法是企业必须提前做好准备，同时实施内部造血战略：从内部孵化人才。而要实现内部造血战略的有效落地，必须依靠敏捷的人才培养体系来支撑。本书探讨的问题是，企业如何循序渐进、小步快跑、卓有成效地打造适合自己的人才培养体系？

有人说："确实，企业发展需要人才。然而，培养人才是一个长期的过程，就像十年树木，百年树人一样。与其花费大量时间和精力去培养人才，不如直接引进已经具备所需技能和经验的人才。这样做不仅可以节省时间和金钱，还可以更快地推动企业的发展。"

有人说："的确，企业要想持续赢得竞争，必须依靠一支训练有素、能够打胜仗的团队。那么，如何快速有效地进行团队训练呢？"

有人说："我们也投入了不少资金进行培训，但效果却不尽如人意，备受质疑，给我们带来了巨大的压力。"

……

本书源于笔者在人才培养体系建设领域积累了 20 多年的实战经验，与读者共同思考并解答以下关键问题。

1. 能从外部招聘，为什么还要自己培养？

外部招聘可以快速填补企业的人才缺口，但也存在一些限制和风险。首先，外部招聘的人才可能缺乏对企业文化的了解和适应能力，需要一定的时间来融入团队。其次，外部招聘的人才可能存在忠诚度不高的问题，一旦有更好的机会，就可能会选择离开企业。最后，外部招聘的成本较高，包括招聘费用、培训费用等。

相比之下，自己培养人才可以更好地满足企业的长期发展需求。首先，通过内部培养，企业可以根据自身的需求和发展方向，有针对性地培养适合的人才。其次，内部培养的人才更容易与企业文化相契合，对企业的价值观和目标有更深入的理解与认同。此外，内部培养的人才在成长过程中与企业共同成长，对企业的发展具有更高的忠诚度和稳定性。当然，自己培养人才也需要投入一定的时间和资源。企业需要建立完善的人才培养体系，包括选拔、培训、晋升等方面的机制。同时，企业还需要提供良好的发展机会和福利待遇，激励员工积极进取和提升自己的能力。

总之，外部招聘和自己培养都是企业在人才获取方面的重要手段。企业需要根据自身的情况和发展需求，灵活运用这两种方式，以实现人才的合理配置和持续发展。

2. 为什么需要敏捷型人才培养？

在这个不断变化的世界里，没有最快，只有更快。要想跟上这种变化的步伐，我们必须运用敏捷思维来构建培训体系。那么，"敏捷"意味着什么呢？一个字是"变"，两个字是"进化"，三个字是"更灵活"，四个字是"随需而变"，五个字是"精益化迭代"，六个字是"花小钱办大事"。环境在变，市场在变，战略在变。如果我们请咨询公司为企业打造培养体系，一次投资真的能一劳永逸吗？做出来的培养体系能用多久？如何确保其有效性？此外，企业每年又有多少可投入的资源呢？因此，人才培养体系的建设不应追求大而全，而应注重小而精；不应采取大刀阔斧的方式，而应采用小步快跑的策略；不应追求高大上和炫酷的形式，而应追求"快准狠"的效果和高效的方法。

3. 敏捷型人才培养的整体策略是什么？

首先，一把手工程是打造学习型组织的关键。企业的领导层必须高度重视、支持和参与人才培养工作，否则人才培养就是无源之水、无本之木。

其次，联盟合力是实现敏捷型人才培养的必要条件。人才培养不仅是人力资源部门的事情，还需要人力资源部门与业务部门形成紧密的合作关系，共同努力，以促成其迅速落地并取得成效。

最后，打造复合型人才是敏捷型人才培养的重要原则。业务管理者既要重视事务，又要重视人才，才能因人成事。同样，人力资源部门既要懂人才管理，又要懂业务经营，善于借力推动人才培养落地成效。

综上所述，敏捷型人才培养的整体策略包括一把手工程、联盟合力和打造复合型人才。只有领导层的重视和支持、跨部门的紧密合作以及全面的能力素质，才能敏捷培养出高素质人才。

本书有哪些亮点？

亮点一：聚焦问题，内容系统。

本书针对企业典型的人才痛点问题，提供了全面的解决方案，内容涵盖了人才培养的核心要素，包括敏捷思维、敏捷模式、敏捷体系、敏捷方法和敏捷应用。

亮点二：侧重工具，简洁实用。

本书的定位是人才培养的工具书。书中提供了一系列实用的模型、方法和工具，如人才供应链打造策略六字诀、敏捷型人才梯队建设的三步曲（RDA 闭环模型）、敏捷型人才培养 3E 模式、敏捷型人才培养体系四支柱模型、关键岗位评估表、课程体系建设关键任务分析法和工具表、敏捷课程体系建设七大要素工具表、内训师体系建设五步法、战略需求调研表、高管访谈 GPS 三步法、绩效需求引导问题清单、6W3H 年度培训规划书工具表单等。这些模型、方法和工具简洁实用，读者可以视情况将其直接应用到实际工作中。

亮点三：结合实际，案例丰富。

本书贯穿了行远公司（化名）从无到有建设敏捷型人才培养体系的典型案例，通过详细描述业务痛点、人才困境和实践做法等，为企业敏捷落地人才培养体系提供了参考和借鉴。同时，每章还穿插了不同企业的典型案例，包括世界 500 强企业的成功案例和失败案例。这些案例旨在帮助读者将理论与实践相结合，将场景、问题、方法和工具有机融合，以实现举一反三、学以致用的目标。

亮点四：多维融合，拓宽视野。

本书从外企和民企、甲方和乙方、业务管理和人力资源管理等多个角度进行了全面的探讨与融合。笔者拥有 20 多年的实战经验，曾为数百家外企、民企、央企和国企提供人才培养体系建设的辅导。在通用电气和惠普这两家世界500 强企业中，笔者亲身实践了西方的管理方法。同时，在担任民企的人力资源总监、市场总监和分公司总经理期间，笔者深切理解并体验到了东方的管理智慧。本书将中西方管理理念、思路、方法和工具相结合，引导读者开阔思路，能够从多角度培养人才。

我们生活在一个充满挑战和变数的时代，但同时也是一个充满机遇和智慧的时代。在这个特殊的时代背景下，我有幸完成了这本书的创作。在此，我要向培育过我的优秀企业和领导表示衷心的感谢，也要感谢合作伙伴对我的信任与认可。为了表达我对这个时代的感激之情，我用心将本书打造成一本人才培养的实用工具书。我相信，只有通过这样的努力，才能充分展现我对这个时代的由衷感恩之情。同时，我也衷心希望这本书能够为中国企业的高质量发展贡献一份微薄的力量。

目　录

第三章

敏捷型人才培养体系 39

第四章

敏捷型人才培养体系建设方法 53

第五章

敏捷型人才培养实践　　　　　　　　　　　　**171**

参考文献　　　　　　　　　　　　　　　　　**209**

第一章

敏捷型人才培养思维

在一个变化越来越快、越来越复杂的世界里，企业应该通过不断学习发展自身的适应能力。在将来，只有那些懂得如何激发组织内各个层次人学习热情和学习能力的组织，才能傲视群雄。

——学习型组织之父　彼得·圣吉

动荡时代最大的危险不是动荡本身，而是仍然用过去的逻辑做事。

——现代管理学之父　彼得·德鲁克

企业发展常面临五种人才困境

行远公司^①是一家位于长江三角洲地区的企业，其主营业务是生物制药的研发、生产、销售和服务。经过 20 多年的发展壮大，公司已经达到千人规模，并且主要产品的年销售额达 20 多亿元。公司的发展蒸蒸日上，公司在 2023 年新年伊始制定了宏伟的三年战略目标：年销售额翻番、3 年突破 50 亿元销售大关，工艺自动化、数字化转型，经营模式进行多元化发展，3 年内上市等。为了实现这一系列的战略目标，公司高层管理者设计了立足长江三角洲地区，辐

---

① 本书涉及的行远公司均为化名。

射全中国，尤其是重点向珠江三角洲地区扩张的战略布局。在紧锣密鼓的推进过程中，公司却陷入了重重人才困境，接二连三遇到了各种棘手的问题。

1. 人到用时方恨少，尤其是销售岗、研发岗、技术岗、管理岗等关键岗位的员工数量和质量总是不能满足业务发展的需要。

2. 销售岗、研发岗、技术岗等关键岗位的员工流失率高，经常出现人员不足而需要突击招聘的情况。各行各业都在争夺人才，导致招聘难度大、周期长、成本高。

3. 管理岗的人才储备严重不足。如果将长江三角洲地区的优秀管理者调到珠江三角洲地区开拓新市场，那么长江三角洲地区空缺的管理岗将会面临后继无人的尴尬局面。

4. 公司提拔了部分绩优高级工程师、技术骨干、销售冠军到管理岗，但发现他们的管理水平难以满足公司的要求，还不如提拔前干得好。

5. 公司不惜花重金挖猎人才，然而期望越高，失望越大。空降兵远没有想象中的招之能来、来之能战、战之能胜。很多空降兵甚至无法适应新的工作环境而中途离职，并留下很多问题，如薪资倒挂的问题，导致高绩效老员工流失、士气低落、积极性不高等。

6. 很多有发展潜力的老员工出现集体离职的势头，经调查，公司发现他们的离职原因集中在对职业发展前景不明朗，对公司发展缺乏信心等方面。

这些问题累加在一起会严重影响行远公司的经营发展和战略目标的达成。如果你是行远公司的一把手，你将如何解决这一系列问题？如果你是行远公司的人力资源总监，你又将如何帮助一把手解决上述难题？

上述案例源于实际，具有很强的典型性和代表性。在快速发展的企业中，每个企业都有自己的成功之道，但同时也常常面临着相似的困境。这些困境与行远公司的情况极为相似，可以归纳为以下五种人才困境：人到用时方恨少、青黄不接出断层、招人难留人也难、火线提拔不好用、空降兵水土不服。

陷入人才困境的五大要因

如何突破重围走出困境？

或许有人会问：行远公司以前不也发展得挺好的吗？难道以前没有遇到过类似的问题？如果遇到过类似的问题，那么又是如何解决的呢？解铃还须系铃人。现在，让我们按下快退键，回溯分析行远公司为何会陷入如此的人才困境。

行远公司创始人张总（化名）于 1998 年从海外工作回国后，凭借敏锐的商业嗅觉和深厚的技术功底，加上多年积累的技术、资金等资源，在 1999 年年初创立了一家集研发、生产、销售和服务于一体的生物制药股份公司。随着我国经济的高速增长，行远公司凭借其领先的技术和产品优势抢占了市场先机。公司乘势而上，仿佛搭上了飞驰的高铁，每年的业绩都维持两位数增长速度，甚至连续几年业绩翻番。

公司的业绩虽然看似不错，但其发展过程并非一帆风顺，始终面临业务、资金、技术、人才等各种挑战。公司高管每年都会针对业务、资金、技术方面的问题定期或不定期开会探讨，以便及时解决问题。但是，涉及人的问题，高管普遍认为交由人事部门解决就好，因此很少单独将人的问题拿到高管会议上进行集体讨论和解决。一路走来，虽然磕磕绊绊、充满坎坷，但幸运的是公司的技术优势和产品优势相较于竞争对手更为明显，这使得公司的发展始终保持着强劲的态势。

随着业务的快速发展，公司每年都会大规模地吸纳具有研发、技术、生产、销售、管理等经验的各界人士。公司规模已从初创时的几十人迅猛扩张到了 1 000 多人，年产值达 20 多亿元。张总很重感情，当年和他一起创业的伙伴现在分别担任各部门和各区域的一把手。公司的发展速度远远超出张总的心理预期，夜深人静时，张总不禁暗自庆幸，颇有些志得意满。然而，殊不知，公司在商海乘风破浪前行的同时，貌似平静的大海下却早已是暗潮涌动，危机四伏……

其实，今天的困境在行远公司成立之初就已经埋下了伏笔。张总本人和初创团队80%以上的人员都是专业技术出身，很多中层管理者也是典型的技术控，如图1-1中的灰色框中的人员。对于技术驱动型的行远公司来说，技术优势确实是其20多年高速发展、迅猛扩张的关键成功要素之一，也是公司的核心竞争力。然而，成也萧何，"败"也萧何。公司20多年的快速扩张也愈发强化了公司高管的理念和行为：重技术，轻管理；重发展速度，轻发展后劲；重人才引进，轻人才培养；更关注事，很少关注人。

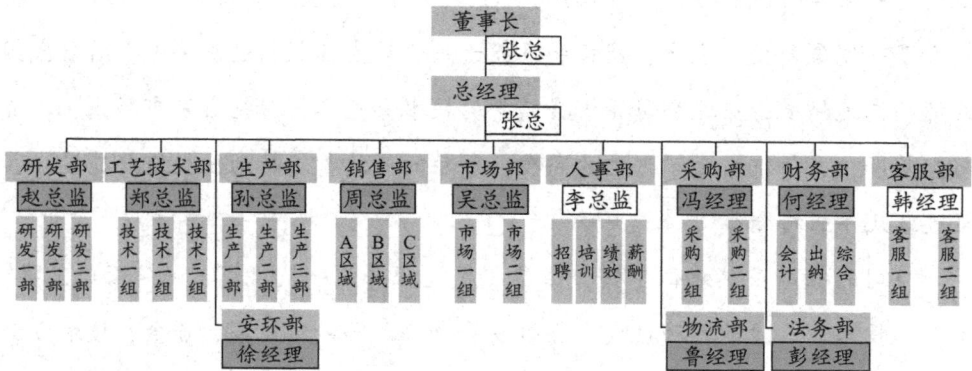

图1-1 行远公司的组织结构示意图

公司虽然发展了20多年，但团队中90%以上的人员都是从外部引进的。因为公司认为招聘有相关工作经验的人员，他们能够迅速适应工作。新员工入职后基本上没有接受过培训。老员工也因为工作繁忙而没有时间参加培训。因此，行远公司的培训体系几乎是一片空白。只有在技术、业务、生产等出现问题时，公司才会让人事部去安排，要么派遣几名员工外出听课，要么请专业老师到公司为员工进行讲解。公司成立20多年来，这种培训也是屈指可数的。

另外，公司的员工离职率一直居高不下，生产一线员工的离职率最高时达到31%，研发岗、技术岗和销售岗的离职率也分别达到26%、28%和29%。因为公司的整体发展态势良好，薪酬也能付得起，所以虽然招聘压力巨大，但人事部勉强还能把人招到。人事部算上部门一把手一共只有 4 人，他们将大部分的时间、精力都花在员工招聘、薪酬发放、入离职手续办理、员工档案管理等工作上，根本无暇顾及其他。

随着越来越多的竞争对手加入激烈的市场竞争中，行远公司已不再是一枝独秀，技术和价格等优势也不再明显，公司的发展速度受到了极大冲击。尽管如此，张总仍然保持着雄心壮志，并提出了本章开篇所述的宏伟目标，继而面临着一系列人的问题。其实，让张总万万没想到的是，更多更大的挑战还在后面……

综上，行远公司陷入人才困境的五大要因如表 1-1 所示。

表 1-1　行远公司陷入人才困境的五大要因

要因	描述
时代环境	1. 时代的发展，催生了公司的发展，业务的高速增长掩盖了人的问题，人的问题具有滞后性和潜伏期 2. 公司忙于发展，却忽视了持续发展需要的后劲
高管认知	1. 公司创始人和高管团队缺乏系统的人才战略理念和思维 2. 重技术、轻管理；重发展速度，轻发展后劲；重人才引进，轻人才培养；更关注事，很少关注人
组织结构	1. 公司核心管理团队人才结构失衡，过度偏重技术的思维模式和组织结构既成就了公司，也制约了公司的发展 2. 技术型人才队伍偏逻辑思维，关注细节；而管理型人才队伍需要系统思维、全局意识、人际能力、概念技能
策略定位	1. 公司人才供应链打造过度依赖外部人才引进，忽视了内部人才梯队建设 2. 公司对人力资源部门的定位还停留在传统的人事部、招聘专家和事务管家等方面
体系设计	1. 业务战略和人才战略的顶层设计严重脱节 2. 赋能业务、组织和人才的培养体系缺失

这五个要因之间又是什么关系呢？通过上述内容，我们不难发现这五个要因之间相互关联、层层递进。业务的快速发展掩盖了长期积累的人才问题，导致高管在固有的思维定势中越走越远。高管的固有认知影响了组织结构的健康

度，而组织结构的失衡又进一步引发了人才策略的偏差和人力资源部门的错位，最终导致了人才战略和培养体系设计不健全。

因此，冰冻三尺，非一日之寒，问题发生，也非一因之致。虽然本书的主题是人才培养体系建设，但我无意夸大人才培养体系的作用。因为企业宏伟战略目标的实现过程是一项系统工程，是多元变量、多种因素统合综效的结果。但是，我们不难发现，赋能业务、赋能组织、赋能人才的培养体系一旦缺失，就像行远公司一样，企业经营和战略落地或早或晚都会遇到重重阻力，尤其是人才断供，严重制约了企业的发展，阻碍了企业战略目标的实现。某地产公司曾提出人才链和资金链的对应概念，并认为人才链断裂是资金链断裂的根本原因，人才链断裂有较长的"潜伏期"，会在两三年后开始显现，从而导致企业发展停滞，甚至可能一蹶不振退出舞台。

行远公司当下深陷人才困境，业务发展受阻，战略落地受限，究其原因是多方面的，但赋能业务、赋能组织、赋能人才的培养体系的缺失，是其中一个关键要因。

不同企业的背景、模式、发展阶段各不相同，因此遇到的问题也不尽相同。通过行远公司的典型案例，我们希望能够帮助企业高管意识到人才培养体系建设是支撑企业战略目标实现的重要抓手。人才培养体系建设的根本目的是赋能业务、赋能组织、赋能人才。人才培养体系建设既是一项系统工程，也是一项一把手工程。企业高管需要跳出固有认知的藩篱，用前瞻性视角和战略性思维重新审视人才培养体系建设的价值，真正从思维意识上重视，并从行为动作上支持。我们必须打破人才培养体系建设说起来重要、做起来次要、忙起来不要的魔咒。

经过深思熟虑，张总与人事部总监李总进行了一次深入的对话和细致推演，达成共识：亡羊补牢为时不晚，是时候开始行动了。要带领行远公司逐渐走出人才困境，张总必须做出富有远见卓识的决定：将人事部更名为人力资源部，正式启动行远公司的人才培养体系建设，任命李总全权负责该工作。

那么，新的问题又来了。李总带领只有 4 人的团队能否顺利完成此项重任？在完成的过程中又遇到了哪些困难？他们能否突破重围，不辱使命？最终能否使行远公司逐步走出人才困境？

自我教练和实践 ●●●●●●●●●●●●●●●●●●●●●●●●●●●●●●●●●●

　　1. 这个源于实际的典型案例与你所在的企业有哪些相同或相似之处？又有哪些不同？

　　2. 如果你是公司创始人张总，你怎么看企业发展和人才培养的关系？

　　3. 如果你是人事部总监李总，后续的工作该如何开展？

走出人才培养的五大误区

　　从上述行远公司的案例中我们发现，行远公司在人才培养方面存在以下五大误区，具体如表 1-2 所示。

表 1-2　人才培养的五大误区

序号	思维误区	思维转化
1	重招聘，轻培养	外招内培，双管齐下
2	人才培养是人力资源部门的事	"人业"协同，联盟合力
3	培养就是目的	培养是手段，为战略服务
4	人才培养就是上课	培养不只是上课
5	机会只给精英	机会给对的人

　　第一个误区：重招聘，轻培养。

　　有一种观点认为，企业又不是学校，花钱招人是来干活的，不是来培养的。再说培养了半天，要是离职了不就白培养了吗？你对此怎么看？

下面通过一个小故事来说明这个问题。

CFO 问 CLO："我们为员工提供培训，如果员工离职了怎么办？这样的投资回报率（ROI）不合适！"

CLO 看着 CFO 幽幽地说："你猜，如果我们不进行培训会发生什么？"

CFO 认真想了几秒钟，感叹道："说不定，他们会走得更快，这样 ROI 更不合适……"

哈佛大学前校长德里·克博克说过，如果你认为教育的成本太高，试试看无知的代价。

人到用时方恨少，未雨绸缪才有效。很多企业只重视外部输血，而忽视内部造血。打造企业人才供应链是该引进人才还是该培养人才？答案不是非此即彼，而是双管齐下，两手都要抓，两手都要硬，实施双循环人才战略。引进人才就来之能战，无需赋能吗？答案是否定的，空降兵水土不服的失败案例比比皆是。招对了空降兵，也要扶上马送一程，通过培训赋能，加速融入新企业的文化，加速理解新企业的模式、制度、流程、产品、规范等，只有这样才能让移植过来的"新树"在新的土壤里存活、生根、发芽、开花、结果。

第二个误区：人才培养是人力资源部门的事。

人才培养只是人力资源部门的事吗？不少高管认为，培养人才是人力资源部门的事，这可能是对人才培养的最大误解。实际上，直线经理不仅负有培养员工的责任，而且要为建立整个企业的人才培养体系出谋划策。作为本部门的首席人才官、人才培养的第一责任人、第一受益人及无人可用时的第一受害人，直线经理必须躬身入局，人才培养才能敏捷出效果。

第三个误区：培养就是目的。

企业当然不是学校，培养人是为了用对人、留住人。培养是手段，培养的目的是创造客户价值、打造人才梯队、提升胜任能力、助推绩效改进、支撑业务发展。

人才培养和人才梯队建设两者是什么关系？要回答这个问题，我们需要具备系统性思维，不能孤立地看待人才培养。二者的相同之处是都属于人才管理的范畴，不同之处是人才梯队建设包含了人才培养。人才的选、育、用、留始终是一个紧密相连的整体，构成了一个完整的人才管理闭环。人才培养不能脱离业务战略这一核心。七分选，三分育，人才培养不能脱离人才选拔，选对人事半功倍，选错人事倍功半。

人才梯队建设是为企业建立人才蓄水池、打造人才供应链，为关键岗位储备人才，避免企业经营的人才断层。

人才梯队建设包含了人才盘点、敏捷培养和有效任用。我们可以将人才梯队建设比喻为养鱼的过程。"人才盘点"就像选鱼苗入池，"敏捷培养"就像日常喂鱼，"有效任用"就像从鱼塘中捞鱼和对鱼塘负责人的激励。

第四个误区：人才培养就是上课。

人才培养就是上课吗？上课仅仅是人才培养的一种传统方式，上课固然重要，但它并不能代表人才培养的全部。我们将在第二章详细解读敏捷型人才培养 3E 模式。

第五个误区：机会只给精英。

有些企业只舍得为业务骨干、技术能手和管理精英花钱开展培训，但这些人员毕竟是少数，而且他们的绩效已经很好了。因此，不恰当的培训反而是资源的浪费。

精英需要的不是培训上课，而是晋升的机会、更富有挑战的历练、更大的舞台、更多的回报及尊重和认可。因此，我们应该给予精英晋升、历练、轮岗、舞台、回报、认可。

同时，要加强对精英的管理。一旦精英离职，可能会对企业的业务运营和发展产生重大影响。因此，对精英的知识、技能、经验的提炼和传承是至关重要的。

自我教练和实践 ···

1. 在上述人才培养的五大误区中，自己所在的企业是否涉及？是否还涉及其他的误区？

2. 如何让企业高层和相关利益干系人意识到这些误区？

3. 在人才培养方面，如何让企业高层和相关利益干系人统一认识、统一思想、统一行动？

人才供应链打造策略六字诀

众所周知，人才的重要性无可替代，但为什么人才短缺的问题依然存在？人才从哪里来？为了解决这些问题，人力资源管理的开创者戴维·尤里奇在其著作的《变革的 HR》中曾提到提升人才能力的投资方式共有六种，笔者将其归纳为人才供应链打造策略六字诀，具体如图 1-2 所示。

1 买　2 建　3 借

4 升　5 降　6 留

图 1-2　人才供应链打造策略六字诀

1 买，即外聘，也是企业最常用的人才获取方式。缺人就招人。行远公司也经常采用这种策略。通过外聘为企业输血。最常见的两种外聘方式是社招和校招。无论采用哪种方式，都需要对新员工进行培养。越来越多的企业也欢迎离职的优秀员工回来继续工作。

2 建，即内培和内生，是很多企业（包括行远公司）常常忽视的一个环节。要从内部人才市场培养梯队为企业造血，企业内部必须形成人才蓄水池，持续供应人才，预防人才供应链断裂。只有可持续的资金链、人才链，才能支撑可持续的业务链，进而支撑企业的高质量发展。人才培养的方式多种多样，丰俭由人，可以花小钱甚至不花钱。这些方式包括在岗培训、任务历练、项目历练、轮岗、团队教练、导师制、内训师机制、行动学习等。外招就来之能战吗？并非如此。校招学生的资历和经验尚浅，但可塑性强，需要通过前置新人训、老带新、传帮带、新员工导师制等方式加速融入企业和胜任工作。社招人员虽有经验，但未必适合本企业。社招人员好比是一棵树移植到新土壤，要解决其能否适应、能否融入新公司，以及避免水土不服的问题，就需要给他们松土、浇水、施肥，需要提供培训，以帮助他们了解企业，尽快融入企业，熟悉企业的文化理念、业务模式、业务流程、组织架构、产品技术等，只有这样才能发挥他们的经验优势。值得一提的是，大部分世界 500 强企业都是内部人才培养的高手，如通用电气、惠普，以及国家电网、中石油、中粮、平安、华为、阿里巴巴、腾讯、宝洁等。

3 借，即借调、调兵遣将。它包括内部转岗、外聘专家、外包、派遣等多种方式。例如，行远公司考虑将华东区销售总监调到新成立的华南区。另外，人才派遣、外包 BPO 产业、共享员工等都是活用人才的典范。

4 升，即晋升。

5 降，即降级甚至淘汰。

4 升和 5 降这两种策略形影不离，能上能下，能进能出，能多能少，确保能者上、平者让、庸者下。例如，许多 500 强企业的任职资格体系和绩效管理体系中的绩效考评机制都采用了这种能上能下、能进能出、能多能少的规则。其中，通用电气的绩效活力曲线就是一个典型的例子。根据这一规则，绩效排在末位 10% 的员工如果在完成绩效提升计划或内部岗位调整后业绩依然不达标，将面临淘汰的风险。当然，这样的规则必须在事先与全体员工充分沟通的基础上实施，以确保赏罚分明，奖惩机制公开、透明、合法、合规。

6 留，即保留。该策略旨在留住高绩效、高潜力的员工，提升他们的敬业度。企业不能陷入恶性循环，一方面优秀员工不断流失，另一方面又费时费力费钱招人。优秀员工的流失对企业来说是巨大的损失。据不完全统计，成熟员工离职，企业从新员工招聘到培养成熟所需的成本是该岗位薪酬的 4 ~ 8 倍。一名成熟员工离职，需要补充 6 名新员工来弥补该员工的产能。

人才供应链打造策略六字诀各有优势和劣势，也有相应的适用场景，具体如表 1-3 所示。

表 1-3　人才供应链打造策略六字诀的优劣势和适用场景

人才供应链打造策略六字诀	优势	劣势	适用场景
买	校招：潜力股，新鲜血液，可塑性强，成本相对低 社招：有经验，选对人时上手快	校招：经验尚浅，需要历练，培养周期较长 社招：成本相对高、易水土不服、打击内部员工积极性	吸纳外部优秀专业人才、中高层管理人才
建	形成人才蓄水池，吸引保留优秀人才，激励团队士气	周期较长，核心管理团队需要投入较多的资源	内部培养专业人才、各层级管理人才梯队
借	使用恰当时人员上手快，工作机制灵活	内部调配协调周期长，人员不积极 外部聘请资金投入较多，外包管理风险、质量风险较高	派遣员工：数量较多的基层岗位 聘请专家：综合能力要求很高的专业岗、中高层管理岗 内部调任：高潜人才
升	提升内部员工积极性，吸引并留住优秀员工	若晋升机制不公开、不透明，易导致人才流失	内部专业岗、各层级管理岗
降	激发内部员工忧患意识，打造良性竞争氛围，吸引并留住优秀人才，适度调整和淘汰人员	若降级或淘汰机制不公开、不透明，易导致团队士气低落	内部各层级管理岗、内部各级别专业岗
留	吸引并留住优秀人才，激发团队士气	需要设计留人机制，管理成本较高	高绩效专业人才、管理人才

对于人才供应链打造策略六字诀，我们可以通过表 1-4 进行自我评估，以找出本企业的优势和需改进的地方。

表 1-4　人才供应链打造策略六字诀评估

人才供应链打造策略六字诀	实施要点	评估标准 1分——没有用过， 2分——很少用， 3分——有时会用， 4分——经常用， 5分——已经制度化
买	• 前瞻性地建立多元化招聘渠道，精简招聘流程，培养和认证专业面试官 • 通过多种方式帮助新员工融入企业，以使其快速胜任工作	1分，2分，3分，4分，5分
建	• 能提前根据经营发展需要，前瞻性地进行人才储备 • 通过在岗培训、项目历练、特别任务锻炼、导师制、内训师机制、绩效支持工具等多种方式激发员工潜力，促进员工成长	1分，2分，3分，4分，5分
借	• 合理配置和最优化使用内部各部门、各分公司、子公司的人力资源 • 高效整合外部合作伙伴、外部专家、标杆企业的人力资源、最佳实践、知识经验等	1分，2分，3分，4分，5分
升	• 通过前瞻性地甄选、识别高潜人才，明确发展目标，提升员工能力 • 时机成熟，优先从内部人才池中进行提拔	1分，2分，3分，4分，5分
降	• 建立能上能下、能进能出、能多能少的激励机制，并做好事先沟通 • 合法合规地调整和解聘低绩效员工	1分，2分，3分，4分，5分
留	• 建立和完善人才评价标准，定期进行人才盘点，针对关键人才采取前瞻性激励和保留措施 • 建立和完善人才流失预警机制，针对有离职风险的高绩效员工提前采取挽留措施	1分，2分，3分，4分，5分

自我教练和实践 ··

1. 根据表 1-4，评估你所在企业的人才供应链现状，并简述优势和劣势。

2. 参考表 1-4，结合你所在企业的实际情况和发展战略，思考未来 1～3 年本企业的人才供应链打造的重点是什么？为什么？

敏捷思维方式

人才培养体系建设是一项系统工程，如何高效地推进这一工程建设呢？基于我 20 多年辅导数百家企业的实战经验，我采用敏捷思维方式进行顶层设计，具体为少即是多，抓住关键；慢即是快，储备活水；取势借力，"人业"联盟，如图 1-3 所示。

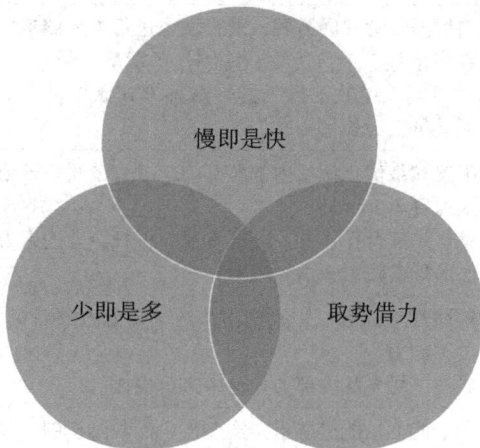

图 1-3 敏捷思维方式

1. 敏捷思维方向：慢即是快。

这里的慢不是速度，而是定力和心态。我们不能急于求成，而要苦练内功。练内功，即注重内部培养。

内部培养看似慢，实则更长效。持续的内部培养能够为企业打造一支认同和践行核心价值观、忠诚稳定的高素质人才队伍。

内部培养看似慢，实则更有用。持续的内部培养能够为企业打造凝聚力、向心力、战斗力；能够为企业打造坚不可摧的组织能力，成为企业的核心竞争力。

内部培养看似慢，实则更具激励作用。通过内部培养，企业能够充分激活最重要的资产和资源——人力资本、人力资源，激发人的能动性、积极性和潜能。外部引进看似快，实则风险大。若不能提供配套的外招人员的融入、培养机制，外招人员很容易出现水土不服甚至离职，给企业带来巨大的损失。另外，单纯依靠外部引进还经常引发一系列的恶性循环：高薪聘请导致薪资倒挂，不患寡而患不均，极易打击企业现有高绩效员工和高潜员工的积极性，破坏人才队伍的稳定性，导致高绩效员工、高潜员工流失，然后再从外部紧急招聘，这严重影响了企业的发展。人才培养是一项需要耐心的长期工作任务。

2. 敏捷思维方案：少即是多。

我们应遵循要事第一、二八原则，抓住关键，采取小步快跑的策略。在资源有限的情况下，敏捷意味着会选择。选择的依据是客户需求和市场发展趋势。我们必须注重培养关键能力。这些关键能力要为客户创造价值。因此，敏捷型人才培养必须以客户为中心，以市场需求为导向，一切围绕业务转。

3. 敏捷思维方法：取势借力。

人才培养项目需要运用取势借力的敏捷思维方法落地。因为所有的人才培养项目都是一把手工程，必须联盟合力，需要复合型人才推动落地。

第一个关键词是一把手工程。企业一把手是打造学习型组织的关键人物。没有一把手的重视、支持、参与，人才培养将变得毫无根基。

第二个关键词是联盟合力。人才培养不仅仅是人力资源部门的事，因为仅凭人力资源部门的力量是无法完成的。因此，人力资源部门需要与业务部门形成联盟，合力协同，才能敏捷地实施人才培养项目。

第三个关键词是复合型人才。业务管理者要成为复合型人才，既要重视事，又要重视人，只有这样才能因人成事。人力资源部门要培养复合型人才，既要懂专业，又要懂业务。能文能武，方能百战不殆。能文要以终为始，运筹帷幄，善谋略规划；能武要用心经营，取势借力，以促进项目的落地和成效。

自我教练和实践 ··

1. 分析你所在企业人才培养模式的现状，采取的是敏捷思维方式还是其他方式？

2. 本章相关内容的阐述还引发了你对人才培养敏捷思维方式的哪些思考？

3. 结合你所在企业的实际情况和发展战略，思考如何用敏捷思维方式规划本企业的人才培养体系建设工作。

第二章

敏捷型人才培养模式

企业即人，管理即借力。做企业，就是盘活人。所有的资产要增值，都要靠人。人，是企业的关键。如果把人抛到一边，资产负债表就没有多大用途。青岛有一句话："死店活人开。同样一个店，两个不同的人开效果就不一样。"

——海尔集团创始人　张瑞敏

未来唯一持久的竞争是有能力比你的竞争对手学习得更快。企业间的竞争，实际上就是企业学习能力的竞争。

——学习型组织之父　彼得·圣吉

敏捷型人才梯队建设模式

行远公司要走出人才困境，是该引进人才还是该培养人才？诸多世界500强企业的答案是两者都要重视，实施双循环人才战略：既要从外部输血，又要从内部造血。那么问题又来了，行远公司如何打造内部造血机制？所谓十年树木、百年树人，如何提升内部培养的质效？一种可行的解决方案是采用敏捷型人才梯队建设模式。

如何进行敏捷型人才梯队建设？图2-1展示了敏捷型人才梯队建设的三步曲（RDA闭环模型）。起点从人才盘点开始，到敏捷培养，终点是有效任用。这是一个系统，也是环环相扣的三步曲，形成了一个闭环。

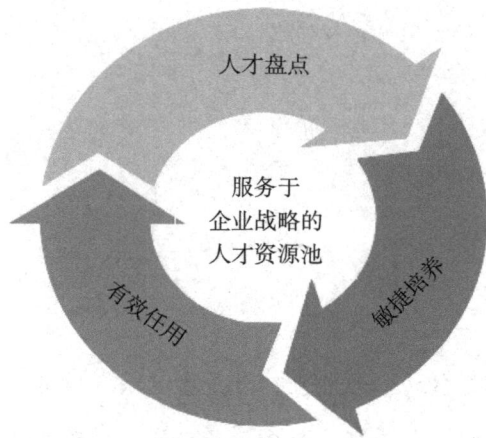

图 2-1　敏捷型人才梯队建设的三步曲（RDA 闭环模型）

第一步，人才盘点。要建梯队，首先需要对关键岗位的人员现状进行全面评估，包括数量、质量、结构。具体而言，需要了解人数多少，够不够用；质量如何，绩效怎样，是否能够胜任工作；结构如何，是否合理，避免出现结构失衡和老龄化严重的问题。

为什么需要进行人才盘点？企业要实现经营战略目标，必须依靠人力资源的支持。做企业，就是盘活人。人活了，企业就活了。结合企业未来 1 ~ 3 年的发展规划，盘一盘人才家底，看看人才池子的水到哪了，是满池子的水，还是不到半池子。就像超市每天进行库存盘点一样，我们也要经常盘一盘人才家底，看看到底是数量不足或是数量不足且质量也不高，还是结构不合理。简单说就是有没有合适的人才，以及他们能否胜任工作。这样才能因地制宜，有针对性、未雨绸缪地进行人才储备和人才开发。

人才盘点是盘点所有部门、所有岗位吗？答案是不一定。例如，行远公司在最初起步阶段，首先应敏捷盘点，盘点关键岗位的人员情况，如优先选择销售岗、研发岗、技术岗等对企业发展更具高价值的岗位。

人才盘点盘什么？盘战略，盘业务，盘组织，盘关键岗位，盘人才的数量、质量和结构，盘激励。那么具体怎么盘？一是盘点业务战略和关键岗位，二是盘点人才数量，三是建立人才标准，四是盘点人才质量和结构，五是输出人才地图、组织地图，六是制订激励计划。具体的实施细节和实践案例将在后续章节分享，此处不赘述。

第二步，敏捷培养。把人才盘点做好，看清现状，摸清家底，了解企业人才的数量、质量、结构情况。通过人才盘点，找到人才现状和业务目标的差距，明确需要查漏补缺的方向，以确保将有限的时间、人力、物力、财力等资源投入最合适的地方。针对影响企业发展大局、存在较大人才缺口的关键岗位开展混合式、训战结合式、工学融合式、工作嵌入式的人才培养和开发，做到有的放矢，要事第一。

第三步，有效任用。培养和开发不是最终目的，关键在于如何有效任用。对于表现出色的人才，应予以提拔和晋升；对于不符合要求的人才，应予以调整和淘汰。只有坚持能上能下、能进能出、能多能少的原则，才能真正做到能者上，平者让，庸者下，才能真正把人才盘活，形成闭环，从而打造企业人才供应链，为企业源源不断地输送人才，为人才蓄水池不断蓄水，使人才资源池更加丰富，以承接业务战略并支撑业务发展。

人力资源部门和业务部门只有结成联盟、联动协同，人才梯队建设工作才能敏捷、有效落地。人力资源部门和业务部门在人才盘点、敏捷培养、有效任用工作中扮演的角色如表 2-1 所示。

表 2-1　人力资源部门和业务部门在人才梯队建设工作中的角色定位

环节	人力资源扮演的角色	业务部门扮演的角色
人才盘点	推盘手：规则设计者、流程设计者、组织协调者	操盘手：规则实施者、流程实施者、结果受益者
敏捷培养	平台搭建者、文化倡导者、机制建立者、资源整合者、方法赋能者	第一教练、第一导师、第一培训师、资源提供者、跟进反馈者、结果受益者
有效任用	评审者、建议者	评审者、决策者、结果受益者

人才盘点这个概念最早由通用电气公司提出并实施。通用电气公司每年通

过人才盘点，看清人才现状，摸清家底，做到心中有数。人才盘点不仅是人力资源部门的事，也是业务部门所有直线经理的关键要务，是业务部门和人力资源部门同频共振的管理动作。人才盘点工作与一年一度的绩效管理、绩效考核是同步进行的，而不是相互独立、互不相关的。人才盘点的定位不是一项事务性工作，而是一项战略性工作。通用电气公司通过敏捷操盘、一体化操作的方式，实现敏捷落地。

人才盘点、绩效管理都属于人才管理，那么真正的操盘者和推动者是谁呢？答案是公司的一把手。一把手的重视、支持和亲自参与，核心高管团队的承诺和推动，各业务部门中层和基层管理者的执行，都是不可或缺的。没有核心高管团队自上而下的亲自参与、以身作则、率先垂范，很难真正落地。通用电气公司每年 2～5 月进行人才盘点，随后召开三年经营规划会，以及一年经营规划会，以进一步做好相应的经营预算。这意味着人力资源部门和业务部门要密切合作。在这个过程中，人力资源部门发挥组织协调、人才赋能、搭建平台、整合资源、梳理体系的核心作用，负责设计规则，优化流程，整合资源，搭好平台。针对如何盘点、如何培养和发展员工，如何有效任用人才，人力资源部门要建机制、搭平台、汇资源、赋能方法论。此外，人力资源部门还负责统筹牵头、组织协调等支撑工作。业务部门的管理者负责结合人才标准，对自己的团队成员进行客观评价，识别高潜员工，并制定和实施差异化的激励方案等。在通用电气公司，人才盘点、敏捷培养、有效任用是业务管理体系中的关键要务，也是业务高管和直线经理的重要管理动作，而不仅仅是人力资源部门的事情。当然，这种思维意识、管理体系和管理动作，不是一日之功，需要长期坚持，由一把手亲自推动和参与，投入时间和精力，只有这样才能真正落地。通用电气公司前 CEO，又被企业界称为"世界第一 CEO"的杰克·韦尔奇会亲自参与人才盘点相关工作，评价、识别、选拔、培养、任用通用电气公司未来的领导者。高管的以身作则能够带领整个业务团队统一思想、统一语言、统一标准、统一行动，他们既重视事，也重视人，愿意和人力资源部门分工协作，做好人才盘点工作。

敏捷型人才培养 3E 模式

关于人才培养，我们经常会遇到以下困惑和问题。

1. 人才培养是否需要大量的预算才能做？

2. 人才培养就是培训上课吗？如果上岗培训不能通过短期集中培训解决问题，应该如何应对？

3. 业务人员工作繁忙，安排集中培训参与难度大，应该如何应对？

4. 企业分布区域广，集中培训成本高且难度大，应该如何应对？

5. 业务发展速度快，团队人数快速扩张，如何实现不同岗位序列的快速成长？

6. 是否有更好的办法进行人才培养，以小投入获得大回报？

7. 除了老员工传帮带，还有哪些可靠的方法可以应用于人才培养？

要回答上述问题，必须采取人才培养的 3E 模式，具体如图 2-2 所示。

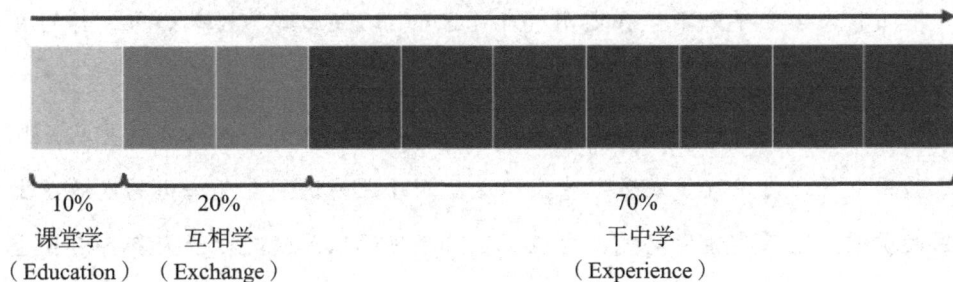

10%	20%	70%
课堂学	互相学	干中学
（Education）	（Exchange）	（Experience）

图 2-2　人才培养的 3E 模式

人才是怎样炼成的？人才是在干中学（又称实践历练）、互相学（又称交流切磋）、课堂学（又称培训赋能）中修炼出来的。这三个方面相辅相成，缺一不可，在人才培养中的占比分别是 70%，20%，10%。业内也称之为"721"学习法则。这个法则在由摩根、罗伯特和麦克三人合著的《构筑生涯发展规划》一书中正式提出。

实践历练，借事修人。人是在实践中成才的，能力是练出来的，潜力是激发出来的。因为纸上得来终觉浅，绝知此事要躬行。实践不是简单的重复，而是有挑战、有创新。例如，一名初级程序员，如果按固有方式编写代码三年，也就是实践了三年，但可能依旧是初级程序员。只有用创新方式解决技术难题，才有机会成为高级程序员。这才叫有效实践，也就是要有挑战、有创新。

但仅仅有这 70% 的实践还不够，因为靠一个人摸着石头过河，试错成本、机会成本太高，还需要"明师"指路。师者，不一定有名，开明、贤明之人皆可为师，能者为师。这里的"明师"可能是上级、同事，也可能是合作伙伴、家人、朋友等。因为三人行必有我师，在实践中一定会出现一些困难、挑战和问题，所以一定要相互提点、相互帮助、教学相长、彼此成就。

有了 70% 的干中学和 20% 的互相学还不够，还需要 10% 的培训赋能。虽然只有 10%，但不可或缺。打个比方，中药中有一味药引子，在药材中占比虽少，但若缺少了它，整味药就会失去药效。用方法论武装头脑，用方法论指导实践，可以少走弯路。

下面和大家分享一下我在通用电气（General Electric，GE）公司工作的真实体验。

我在通用电气公司工作了近六年，深刻感受到这家公司对人才的重视，见证了通用电气公司成就了众多人才，而这些人才也为通用电气公司的发展做出了巨大贡献。这正是通用电气公司经历了百年风雨依然能屹立于世界 500 强企业的秘诀之一。

通用电气公司是如何实现人才济济，良将如潮的？

首先通用电气公司坚信人才培养的第一战场不是培训课堂而是工作战场；人才培养的第一责任人不是人力资源部门的经理，而是业务部门的直线经理。

人力资源部门和业务部门各司其职，责任共担。

通用电气公司特别重视实战训练，这与华为的训战结合模式和理念非常相似。每年年底，每个员工都会和自己的直线经理沟通明年的工作和发展目标。这里要注意，设定目标时要遵循 SMART 原则，其中的 M 不仅是可衡量的（Measurable），还要具有激励性和挑战性（Motivating）。例如，虽然我不在质量管理部门工作，但当年我也给自己设定了要拿到六西格玛绿带认证的目标。要实现这个目标，不仅要通过理论考核，而且要运用六西格玛的理念、方法、工具完成一个业务流程优化的行动学习项目，并对业务结果产生实际影响。

当年我做的是一个数字化项目，还记得我和本部门同事进行多次激烈探讨，针对 DMAIC 方法论的每个环节多次向质量管理部门的同事虚心求教，针对数字化系统的细节与 IT 部门的专家进行了多次沟通论证……过程是艰苦的，结果是令人欣慰的，最终我（作为项目经理）带领团队一起高质量地完成了该项目。当年该项目还被公司评为最佳数字化项目，这不仅使我获得了沉甸甸的GB（绿带）证书，也为部门赢得了荣誉，并且收获了最佳数字化项目证书和奖金，当时我和团队成员一起好好庆祝了一番。这个项目对我来说是一次难忘的经历。它不仅让我在实战中切实掌握了六西格玛的理念、方法和工具，而且还锻炼了我的跨部门领导力，使我受益终身。值得一提的是，这个项目也是通用电气公司行动学习项目的一个实操案例，与工作、业务不脱节，工作学习两不误，真正做到工学融合。

同时，通用电气公司实行老带新、师带徒机制，即高手带能手、能手带熟手、熟手带新手。此外，公司还制定了导师制、逆向导师制、教练机制、内训师机制，而直线经理就是团队的第一导师、第一教练、第一内训师。

通用电气公司有比较完善的在岗培训（On Job Training，OJT）体系。OJT要落地必须有资源支撑。因此，业务部门的直线经理的核心职责之一就是辅导员工，同时挑选团队中既懂业务又善分享的领域专家（Subject Matter Expert，SME），由他们专门负责日常的业务实训。针对专业知识、产品知识、业务流程、棘手难题等新知识、新业务、新方法、工作难点，SME 会组织大家进行行动学习，也会针对员工的个性化问题进行一对一反馈指导。

我也从事过类似的工作，当年在呼叫中心工作的时候，为了解决工学矛盾的难题，我曾带队做过在岗学习的创新项目——"呼叫中心技能比武大赛"。我们采取了团战（Team Battle）模式，这种寓教于乐的方式让技能训练充满了刺激、挑战和趣味，点燃了团队成员的热情、激情，引发了团队成员的好胜心、好奇心和求知欲。各团队成员在忙碌的工作之余，自动自发地学习、互帮互助、彼此督促、相互检查，既有效解决了工学矛盾的问题，又巩固夯实了大家的专业技能，同时还增强了团队的凝聚力、向心力和战斗力。

在通用电气公司，不同岗位都设有相应的学习地图和课程体系，以帮助员工按图索骥、自动自发、寻找资源、珍惜资源、学习成长，为不同岗位的不同层级储备人才。通用电气公司不仅对线下课程体系进行完善，而且很早就对线上线下相结合的 OMO 混合式大课堂进行了布局，让更多的 GE 人接触到更多的学习资源，实现 3A 学习模式，即任何人（Anyone）在任何时间（Anytime）、任何地点（Anywhere）都能找到相关的学习资源。

这就是人才培养的 3E 模式的新思路、新方法、新模式，而不仅仅是传统的课堂教学。培训方式不仅有线下，也有线上，甚至还有线上线下相结合的 OMO 混合式教学。

自我教练和实践 ●●●●●●●●●●●●●●●●●●●●●●●●●●●●●●●●●●●●●

1. 通用电气公司的 3E 人才培养的模式、思路、方法对你有哪些启发？

2. 通用电气公司的 3E 人才培养的模式、思路、方法是否适合你所在的企业？为什么？

人才培养的传统模式与敏捷模式的区别

人才培养的传统模式与敏捷模式存在以下五个不同点，具体如表 2-2 所示。

表 2-2　人才培养的传统模式与敏捷模式的区别

区别	传统模式	敏捷摸式
目的和目标不同	培养人才，发展能力	支撑战略落地，助推业务发展
核心理念不同	"重"培训，"轻"组合	"轻"培训，"重"组合
工作方式不同	遵循计划，按部就班	响应变化，随需而变
能力要求不同	专业人才	全才
评估方式不同	完成计划，证明价值	目标前置，创造价值

1. 目的和目标不同。传统模式通常从专业角度出发，以培养人才，发展能力为目标。然而，企业作为商业组织，要符合经济规律，培养人才、发展能力是过程、是手段，不是目的、目标。敏捷模式以终为始，回归本源，人才培养的最终目的是支撑战略落地、助推业务发展。人才是战略落地、业务发展的根基。

2. 核心理念不同。传统模式更重视在人才培养中占 10% 的培训赋能，而容易忽略 721 学习法则，导致培训和业务脱节。而敏捷模式更主张工学融合、721 学习法则，除了通过线上线下相结合的 OMO 混合式教学武装方法论，用方法论指导实践，少走弯路，还要在工作中学、在任务中学、在挑战中学、在项目中学、在交流中学、在反思中学、在反馈中学。

3. 工作方式不同。传统模式更倾向于按部就班制定培训规划，并按培训规划执行，但由于商业环境的快速变化，这种规划往往难以跟上实际需求。而敏捷模式是既要谋定而动，又要动态调整，主动出击，掌握信息，响应变化，随需而变。

4. 能力要求不同。传统模式对培训管理者的能力要求是具备培训管理的专业知识，甚至是只要沟通协调能力不错，能找到培训师即可。但敏捷模式要求培训管理者是全才。培训管理者要成为既了解学习发展，又熟悉业务经营；既懂人才管理，又懂组织发展的复合型人才。2020 年，人才发展协会（Association for Talent Development，ATD）发布了人才发展管理者的能力模型。基于这个模型，我做了一些调整，具体如图 2-3 所示。

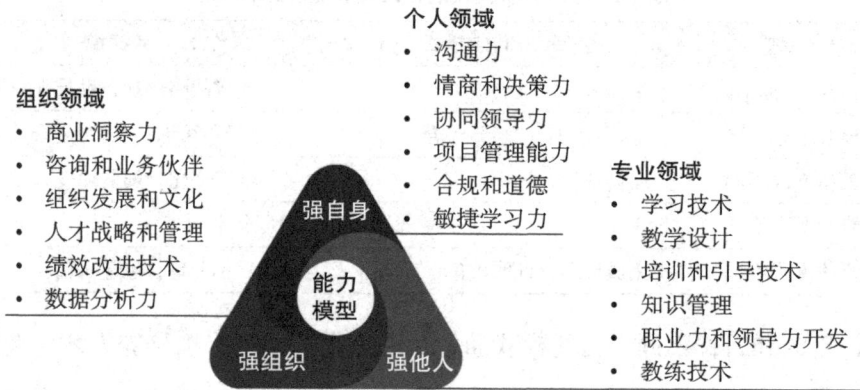

图 2-3　人才发展管理者的能力模型

5. 评估方式不同。传统模式中评估培训效果一直是一个棘手的问题，困扰着许多培训管理者，如何证明培训的价值？往往是完成计划后，用柯氏四级评估前两级来评估，但常常不被认可。敏捷模式强调的不是事后绞尽脑汁、证明价值，而是事前设定目标和达成共识，以创造价值。如果没有明确的目标，就无法进行有效的评估。关于这一点，我们将在第四章的如何敏捷建设经营体系中进行详细论述。

自我教练和实践 ●●

1. 你所在企业的人才培养模式偏重传统模式还是敏捷模式？为什么？

2. 你所在企业的人才培养模式支撑企业战略的有效性如何？是否需要调整？为什么？

世界 500 强企业敏捷型人才培养案例

通用电气公司是一家拥有百年历史的企业，由发明电灯的发明家爱迪生于 1892 年创办。历经百年风雨变迁和激烈的市场竞争，通用电气公司为什么能依然屹立在世界 500 强企业行列中？其中一个重要原因就是公司始终不渝地打造高质量的人才梯队。《道德经》中有一句话："天地所以能长且久者，以其不自生，故能长生。"老子认为天长地久，天和地之所以能够恒久地存在，正是因为它们养育了万物。通用电气公司成功的一个关键要素是因其具备人才内生力，打造了一支学习型组织，坚持长期主义，不断从内部培养优秀的人才，并给予员工成长、发展和锻炼的机会，从而组建了一支训练有素、有发展潜力的高质量人才队伍，这也是通用电气公司能够历经百年风雨得以生存和发展的秘诀之一。通用电气公司的人才培养机制使公司人才济济，几乎所有的高管都从内部提拔。1956 年，通用电气公司创建了全球第一所企业大学——克劳顿维尔领导力发展中心，被《财富》杂志誉为"企业界的哈佛"。

作为通用电气公司的第八任董事长兼 CEO——杰克·韦尔奇，他十分重视公司的人力资源管理和人才培养体系建设工作，并亲自到克劳顿维尔领导力发展中心与员工进行互动、交流。在他的重视、带领和影响下，通用电气公司始终拥有丰富的人才储备。每当面临重大的市场机遇时，公司都能迅速调动足够的人手来抓住这些机会。通用电气公司的人才培养体系不仅为企业培养了各层级的领导者，也为商界培养出许多优秀的高管，因此通用电气公司被誉为世界 CEO 的摇篮。据不完全统计，《财富》500 强企业中有 203 位 CEO 曾在通用电气公司工作过。杰克·韦尔奇曾说过，通用电气公司是一家学习型的企业，我们当今真正的核心竞争力并不在制造业或者服务业方面，而是在全世界范围内吸引和培育全球最优秀的人才，并进一步激发他们的学习热情，以创造出色的业绩。

通用电气公司和我的第二份工作所在的企业——惠普（HP）两家世界500强企业有一个很类似的政策，即人才选拔和晋升的内部优先原则。它们都将从内部发展和提拔人才作为人才供应链打造的首要任务。职业发展机会优先向内部员工开放。我有幸成为这一政策的受益者，由衷地感谢公司对我的培养。当然在这两家公司工作期间，我也全力以赴地投入工作，努力创造价值以回馈公司。通用电气公司内部人才提拔率高达80%。截至2022年，在通用电气公司130年的发展历程中，共有11位CEO，这些CEO 90%都是从内部提拔的。

如今，通用电气公司和惠普这两艘巨轮继续经历着风雨飘摇的考验。2015年，惠普公司拆分成两家公司，2021年通用电气公司也一拆为三。常言道，盛极必衰，没有永远的胜利者，无论是战场还是商场都是如此。世界500强企业依然面临着残酷的竞争和不断洗牌，更何况非500强企业？试想，如果你掌管着一家拥有30万名员工、在150个国家运营的大公司的业务，那么你需要站得多高、看得多远呢？想想都觉得高处不胜寒！无比敬畏。我也曾创业过，亲身体验过作为领导者的酸甜苦辣。因此，这也恰恰在提醒着所有的CEO和经理人：必须居安思危，终身学习，不断进化，持续跃迁，打造学习型组织。因为逆水行舟，不进则退，我们一起共勉。

从通用电气、惠普等诸多世界500强企业的发展变革中，我发现持续盈利的企业各有独特的成功之道，但也有共性的规律和相似的底层逻辑，那就是将从内部培养和提拔人才作为企业核心竞争力的重要保障因素。著名的管理学家及畅销书作家、曾在惠普任职的吉姆·柯林斯在其著作的《基业长青》一书中提到，"伟大公司常常从内部培养、提拔人才。伟大公司把从内部培养和提拔人才作为其保持核心竞争力的重要因素之一"。

回顾2022年的《财富》500强企业，有145家中国企业上榜。其中，国家电网、中石油、中石化、中国平安、中粮集团、华润、华为、阿里巴巴、腾讯、京东、小米等，哪一家不是人才管理、人才培养的高手呢？杨国安教授提出一个公式：企业成功＝战略×组织能力。这意味着企业要想基业长青，永续经营，必须具备两大关键成功要素：一是战略方向正确，二是组织能力强。组织能力要解决愿不愿干、能不能干、许不许干的三大核心问题。华为创始人任正非曾说过这样一句话，"方向可以大致正确，组织必须充满活力"。从公司内部选拔人才恰恰是激发组织活力、激活人才潜能、打造柔性组织的关键举措，也是对人才的关键激励措施。如果公司经常把提升的机会让给公司外的人，这对公司内员工的积极性无疑是一个极大的打击。

自我教练和实践 ●●

　　1. 世界 500 强企业的敏捷型人才培养模式对你有什么启发？

　　2. 世界 500 强企业的敏捷型人才培养模式的哪些方面对你来说有借鉴意义？哪些方面需要改良？哪些方面并不适合你所在的企业？为什么？

如何将 3E 模式应用于团队学习

　　关于如何将 3E 模式应用于团队学习，我对目前业内最常用的学习方式进行了归纳总结，具体如表 2-3 所示。

表 2-3　敏捷团队学习 3E 模式

模式	常见方式
干中学	在岗培训，项目历练，委派有挑战的任务，轮岗，行动学习，复盘，训战结合，发起专题创新活动，组织技能比武大赛（以赛促学）等
互相学	师傅带教、导师辅导、内训师分享、同侪教练、案例库、案例分享、项目复盘、内部标杆学习、外部标杆学习、360 度观察反馈、鱼缸会议、自我反思、批评与自我批评、高管面对面、管理精英论坛等

（续表）

模式	常见方式
课堂学	聘请外部讲师做内训、内部讲师执行内训、外派员工学习、翻转课堂、直播课堂、游戏化学习、体验式活动（剧本杀、沙盘模拟、拓展等）、移动学习、测试（以考促学）、测评、发起专题自学活动、组织读书分享会、组织问题分析会、组织专题知识竞赛活动等

如何选择适合企业的学习方式，以达到更好的学习效果呢？对于这个问题，我们不能一概而论。我总结了五大影响变量，具体如表 2-4 所示。

表 2-4　团队学习选择策略

影响变量	适用场景	优选学习方式
问题类型	良构问题	课堂学
	病构问题	干中学（行动学习）、互相学
投入资源	投入资源较多	涉及外请导师的课堂学
	投入资源较少	干中学、互相学
效果周期	效果周期较长	干中学
	效果周期较短或中等	互相学习、内容有针对性和实用性的课堂学
学习能力	学习能力要求高	干中学
	学习能力要求中等	课堂学、互相学
覆盖范围	覆盖范围广	干中学、互相学
	覆盖范围受限	课堂学

第一个变量是问题类型，分为良构问题和病构问题。学习是手段，不是目的，通过学习解决问题才是有效的学习。良构问题是指存在问题也有相对标准答案的场景，如应知应会的产品知识、业务知识、技能等。病构问题是指存在问题但尚未找到答案的场景，如企业战略如何落地、如何开疆拓土进入新市场等课题。因此，在解决良构问题时，课堂学、互相学更适合；在解决病构问题时，干中学、互相学更适合。行动学习是解决病构问题的利器。

第二个变量是投入资源。干中学、互相学投入资金成本一般相对较低；课堂学涉及外请导师的情况，投入资金成本较高。

第三个变量是效果周期。干中学需要摸索，效果周期较长；互相学可以快速交流反馈，效果周期较短；课堂学若内容有针对性和实用性，效果周期短或中等。

第四个变量是学习能力。学员层级越高，对所学内容的系统性、专业性、深度等要求也会越高，同时企业对学员的学习能力要求也随之提高。干中学和互相学对学员的观察力、自省力、理解力、总结力等综合能力有一定的要求。课堂学要求学员具备一定的知识体系。

第五个变量是覆盖范围。干中学、互相学适合所有人，可以一次覆盖更多人群，课堂学若是线下课堂，覆盖范围会受限，但面对面的交流效果会更好。直播课堂、微课堂覆盖人群较广，但受限于交流方式，其效果一般不如面对面的线下课堂。

在实践中学。华为的训战结合模式近几年备受推崇。其核心是工学融合。华为将典型挑战任务作为训练场景，通过刻意练习、及时反馈、快速复盘、迭代优化来敏捷高效地培养和输送人才。

向他人学。在华为，学习有三大目的：为了业务，为了作战，为了胜利。任正非说："IBM教会了我们爬树，我们爬到了树上就摘到了苹果，我们的老师就是IBM。"华为在经济非常紧张的时候，面对IBM首期巨额的咨询费，没有还价。任正非说："假如我们砍了价，我们项目的风险谁来负责？"他在学习IBM的这条道路上提出了"三化"，即先强化、再优化、后固化。先强化是指要向西方学习，同时要改掉自己好高骛远的毛病。再优化是指管理不能完全照抄照搬西方的管理模式，而是要结合本土的实际情况，改造成华为的管理模式。后固化是指要将管理规范化、标准化。

在反思中学。华为认为，成功是成功者的魔咒。不要做昙花一现的英雄，要在组织中推进自我批判系统！过去，一个企业的成功可能来源于国家的政策和时代环境、机会。然而，过去的成功不代表未来的成功。

只有强者才能进行自我批判，也只有通过自我批判才能成为一个强者。华为的自我批判是一个让组织保持良好竞争力的方法，其目的是提升组织的竞争力，而不是为了批判而批判。那么如何将自我批判贯彻到位呢？华为通过两个组织来推进。一个是 2006 年成立的员工自我批判委员会，任正非和董事长都是这个委员会的顾问，同时员工自我批判委员会下面又设置了各级分委员会。另一个是道德遵从委员会。

在课堂中学。为了将华为打造成一个学习型组织，华为在各方面和各领域做出了努力。2005 年，华为正式注册了华为大学，并逐步建立了一套完善的员工培训体系。这套体系几乎涵盖了企业培训的全部内容，包括新员工培训系统、管理培训系统、技术培训系统、营销培训系统、专业培训系统、生产培训系统等。

如何将 3E 模式应用于个人学习

关于如何将 3E 模式应用于个人学习，我将常用的学习方式进行了归纳总结，具体如表 2-5 所示。

表 2-5　敏捷个人学习 3E 模式

模式	常见方式
干中学	刻意练习，成为岗位高手；主动尝试新项目、新任务、新技术 积极参加轮岗，积极献计献策，经常自我复盘，积极参与技能比武大赛等活动
互相学	向同事、师傅、导师、上级等虚心求教，主动寻求他人反馈，细心观察高手做法 积极担当导师、内训师、师傅、教练，教是最好的学；分享最佳实践；通过网络等渠道向外部优秀人士学习；向自己学，自省，深度思考，总结复盘等

（续表）

模式	常见方式
课堂学	积极参与公司组织的内外部各种学习活动，包括但不限于线下学习、直播学习、游戏化学习、体验式活动（剧本杀、沙盘、拓展等）、线上微课学习、读书会、分享交流会等，积极参与知识竞赛活动，阅读书籍、优质微博、公众号，订阅优质的学习 App 等

如何选择适合自己的学习方式，以达到更好的学习效果呢？对于这个问题，我们不能一概而论，需要考虑多种影响因素，如学习者的喜好、学习的特性、学习的成本、学习的效果、学习的体验度等。

1946 年，美国学者、著名的学习专家爱德加·戴尔首次提出了现代学习方式理论——学习金字塔。基于这一理论，美国缅因州的国家训练实验室进行了研究并绘制出了图 2-4 所示的成果。它用金字塔图形和数字形象展示了：采用不同的学习方式，学习者在两周以后还能记住多少内容（平均留存率）。

图 2-4　学习金字塔

结合人才培养和能力养成的 721 学习法则与学习金字塔理论及管理实践，我从投入产出的角度，化繁为简，总结了四象限图，如图 2-5 所示。这个图包括两个情境变量，横轴代表学习成本，包含学习投入的时间、资金、精力、能量等；纵轴代表学习效果，包含学习的留存率、内化程度、转化程度等。从图 2-5 中我们不难发现，低投入、高产出的前三名分别是复盘、主动寻求反馈和刻意练习。这三者正是自我修炼的高效方法。

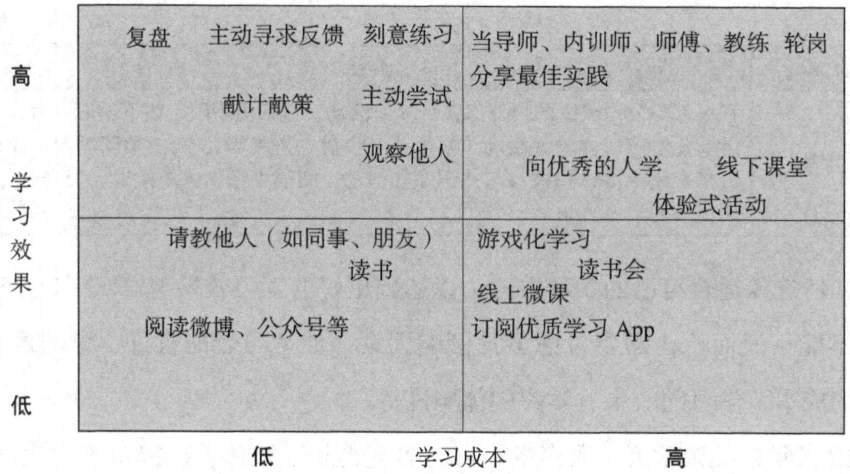

图 2-5　个人学习选择策略

自我教练和实践　···

1. 如何将 3E 模式应用于你所在企业的团队学习？还有哪些创新、有效的团队学习方式？

2. 如何将 3E 模式应用于个人的学习成长？还有哪些创新、有效的个人学习方式？

3. 3E 模式给你带来哪些启发？

第三章

敏捷型人才培养体系

你缺的不是人才，是人才管理。

——华为创始人　任正非

没有一个时代像现在这样，变化如此之快，转型升级已不再是选择，而是必须。在这个飞快向前的时代，每个人、每个组织只有超越外部变化的速度，才有可能在这个时代致胜未来。

——管理咨询大师　拉姆·查兰

总揽全局：敏捷型人才培养体系四支柱模型

关于人才培养体系建设，我们经常会遇到以下困惑和问题。

1. 高管不太重视内部人才培养，如何能够让他们更加重视并予以支持？

2. 企业正处在快速发展阶段，是否适合构建人才培养体系？如果发生新的变化，是否做了无用功？

3. 人才培养体系到底包含哪些关键内容？

4. 围绕敏捷型人才培养体系建设，我们应该做哪些工作？

带着这些问题，我们一起进行探索。首先我们需要思考如何让高管更加重视和支持内部人才培养？

中国文化博大精深，汉字底蕴深厚。首先，让我们从企业这个"企"字说起。企业是由人组成的，"企"字如果没有了"人"，就变成了"止"。正如行远公司面临的各种人的问题——招人难、用人难、留人难一样，如果企业缺乏长远的人才战略眼光、缺乏前瞻性的人才经营思维、缺乏内生型的人才培养机制、缺乏敏捷型的人才培养体系，那么企业迟早会面临人才断层、青黄不接、良将缺位的窘境，轻则导致企业发展受阻、停滞，重则导致企业一蹶不振甚至退出舞台。正如电影《天下无贼》中一句经典台词所说："21世纪什么最贵？人才！"

关于人才，高管主要关注三个方面：（1）是否有合适的人才，（2）这些人才是否能够胜任工作，（3）能否留住这些优秀人才。然而，最让高管头疼的也是人才问题：（1）缺乏可用的人才，（2）人才能力不足，（3）无法留住优秀人才。因此，从高管和业务的角度来看，他们对人才培养体系建设的期望是什么呢？答案是人才培养体系能够持续打造人才供应链、支撑业务可持续发展。如果将企业比作高楼大厦，那么人才培养体系就像是支撑企业发展的基柱，而企业文化则是人才培养体系立身的土壤和地基。当企业发展遇到瓶颈时，往往是因为关键人才的思维、认知、心智、格局、视野、能力达到了极限。因此，我们需要建设敏捷型人才培养体系，持续为人才、业务、组织赋能。基于此，我设计了敏捷型人才培养体系四支柱模型，具体如图3-1所示。

人才培养体系建设是一把手工程。文化是地基，培训是抓手。支撑企业发展的人才培养体系支柱要能立足、立稳，必须有适合的土壤和牢固的地基。这里的土壤和地基就是企业文化。如果将企业比作一个大家庭，那么企业文化就好比是家风。虽然家风看不见、摸不着，但却实实在在地影响着家庭中的每个人。企业文化不是贴在墙上的宣传口号，也不是虚无缥缈的空中楼阁，而是实实在在的愿景、使命、价值观。企业文化通常是由创始人塑造的，它反映了创始人对企业的发展、战略、业务、组织、人才之间关系的看法。只有当创始人不仅重视战略、业务，而且真正重视组织、人才时，人才培养体系建设才能稳扎稳打，稳稳支撑企业发展。这里的真正重视意味着创始人、领导者和企业高

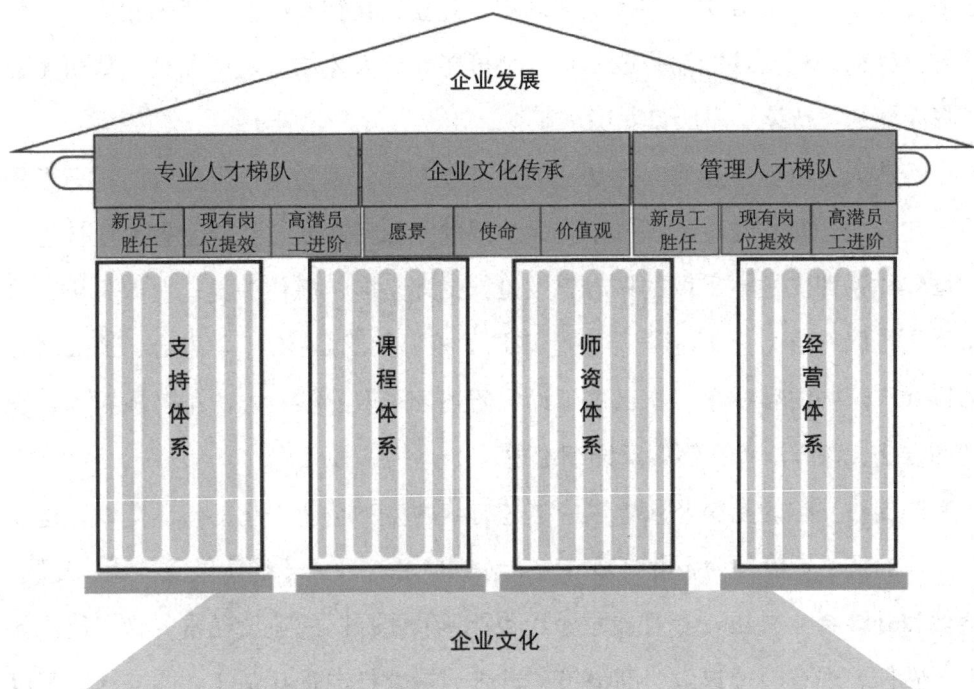

图 3-1　敏捷型人才培养体系四支柱模型

管支持人才培养体系的建设工作，愿意投入时间、精力和资源。

那么，有了孕育企业文化的土壤和牢固地基，有了创始人、领导者和企业高管的支持，还需要顶梁柱来支撑。接下来，我们依次分析敏捷型人才培养体系的四大支柱。

敏捷型人才培养体系的第一支柱是支持体系。它是整个培养体系的重要保障，包含了硬制度、硬系统、硬预算、软文化的支持。第二支柱是课程体系。它是培养体系的内容引擎，包含了以加速岗位胜任、助推业绩提升为目的的线下课程体系和线上课程体系。第三支柱是师资体系。它是培养体系的落地引擎，包含了外部智囊（即外部师资体系）和内部高手（即内部师资体系）。第四支柱是经营体系。它是培养体系的核心动能，包含了一支赋能队伍和一套管理方法论。一支赋能队伍包含由人力资源部门和业务部门组成的人才培养联合体。一套管理方法论包括年度整体人才培养规划方法、关键岗位人才培养项目运营管理方法和质量管理方法。四大支柱既相对独立，又相互联系、相辅相成、不可或缺。任何一根支柱的缺失或不足，都可能导致人才供应链的断裂，从而无法支撑企业的可持续、高质量发展。

打造人才培养体系四支柱是一项系统性工程。万丈高楼平地起，罗马不是一夜建成的，四支柱也不是一下就能建好的。如何高效、省时、省力地打造人才培养体系四支柱？采取的核心思维是：少即是多，抓住关键；慢即是快，储备活水；取势借力，"人业"联盟。采取的核心模式是3E工学融合、训战结合的模式，这些内容在第二章已做了详细阐述。采取的核心方法是：敏捷项目管理的方法，该方法将在第四章详细论述。

四支柱支撑的是企业人才供应链的持续内生和企业文化的传承落地。建设四支柱的核心价值是为企业打造专业人才梯队和管理人才梯队以及传承、复制、落地和升级企业文化。专业人才梯队和管理人才梯队的建设通常分为三层：新员工胜任、现有岗位提效、高潜员工进阶。持续打造强壮坚实的四支柱，可以为企业源源不断地输送高质量人才，防止人才供应中断、人才断层，从而支撑企业的可持续、高质量发展。持续夯实和稳固四支柱，可以助力企业将企业文化虚事做实，共启愿景、牢记使命、认同和践行企业核心价值观，实现内化于心、外化于行，统一思想、语言和行动，心往一处想，劲往一处使，形成强大的向心力、凝聚力和战斗力，提升组织能量。

细看支持体系的落地要点

四大支柱中的支持体系包含了硬制度、硬系统、硬预算、软文化的支持。硬制度的逐步建立和完善既是企业有效治理的保障，也是体系建设的重要支撑。硬制度主要包括任职资格制度、绩效管理制度、晋升调任制度、薪酬激励制度、培训管理制度等。这些制度的内容和作用将在第四章进行进一步阐述。硬系统包括数字化人力资源管理系统、数字化学习平台等。无论是系统建设还是体系构建，都需要硬预算的支持。软文化则是创始人对于人才理念、学习理念，以及人才和学习发展的重视程度。

行远公司的刘经理感到很苦恼：人力资源部门只有我一个人负责公司千余人的人才发展、培训管理，实在是力不从心。这时候就需要通过人力资源部门向上管理，彰显价值，真正让人才培养与业务战略相结合，从而为公司打造人才供应链，让人才培养和员工绩效、职业发展相互联系，形成一条价值链，让张总等业务高管认识到人才培养的价值，并在制度、人力、物力、财力等方面提供必要的支持。

刘经理、人力资源总监李总与张总经过充分沟通和商议，决定首先从制度和组织架构层面进行微调。为此，各业务部门将设立专门负责与人力资源部门对接的责任人，以协调和组织各部门的人才培养工作。在这个数字化转型时代，行远公司开始搭建线上数字化系统，如OMO线上线下混合式学习系统，包括数字化学习平台，员工的数字化学习档案、人才档案等。通过这样的数字化平台，员工可以随时随地获取必要的学习资源，而且所有员工的学习档案都能够随时随地查询。公司决定逐步引进eHR数字化管理系统，将事务性工作逐渐分解出去，使刘经理有时间和精力下沉到各业务部门，深入了解实际情况和需求，做更多高附加价值的工作。

刘经理针对公司区域分布广，人员分散，员工集中学习成本高、难度大，业务部门工作旺季工学矛盾等痛点问题，将与工作内容密切相关的学习资料上传系统，作为员工工作的支持工具，方便员工随时随地查阅，从而提升工作绩效。同时，他还配合公司制定了配套的激励机制，初级工程师晋级中级工程师，必须完成线上和线下的专业必修课，并且考核合格，获得认证，这是晋级的必要条件。生产部门的智能设备操作工必须参加线下和线上的专业技术培训，通过考核后才能持证上岗，并享受转正工资。基层班组长要想晋升为中层经理，必须参加中层经理梯队项目，才有资格进入晋升候选池。有了这样的制度支撑，才能获得更多业务部门管理者和基层员工的重视与支持。另外，员工参加选修课还可以获得学习积分，该积分可以用来兑换书籍等。这些激励机制大大提升了员工学习的积极性，使员工从"被动学习"转变为"主动学习"。

员工可以在系统上随时查找与自己岗位相关的学习地图、学习资源。通过员工的点击量、学习轨迹、测试结果等数据的积累，逐渐形成了一个人才大数据库。这个数据库为企业的人才盘点、人才培养、人才晋升、人才保留等人才管理工作提供了有力的数据支持。

行远公司根据预算制度做出决策：将上一年度营业利润的 1% ~ 3% 作为当年的人才培养预算；将人才培养视为一种长期投资，以实现投入和产出的持续性和长效机制，而不是过于急功近利。这种长期投资就像健身锻炼一样，虽然不一定能立即见效，但长期坚持下来，就能发现不同之处，最终必将获得回报。同时，公司还要求人力资源部门精细化管理预算，按程序做好规划，确保预算真正用在关键工作中，如组织能力建设和关键岗位的人才储备。行远公司会优先考虑将预算投资于销售岗、研发岗、技术岗、管理岗。

经过半年多的摸索和尝试，刘经理的工作渐入佳境，从举步维艰到逐渐步入正轨，逐步朝着游刃有余的方向推进。

细看课程体系的落地要点

四大支柱中的课程体系包含以加速岗位胜任、助推业绩提升为目的的线下课程体系和线上课程体系。

以行远公司为例，该公司培训部有三个主要任务：打造专业人才供应链、打造管理人才供应链、复制和传承企业文化。那么，如何设计相应的课程体系？刘经理认为，行远公司要实现销售业绩长虹，必须依靠高质量的产品、先进的技术、有效的营销策略。这就需要构建产品研发技术类课程体系，如初级工程师、中级工程师、高级工程师的学习地图和课程体系。高质量的产品还需要通过有效的营销策略和销售手段来实现其价值。因此，需要为销售代表、销售主管、销售经理、区域高级经理提供专门的销售课程体系和销售管理课程体系。产品卖出去并不意味着款项收回来，还需要生产人员按时、保质、保量地完成生产和交付任务。因此，行远公司需要为一线操作工、技师、一线班组长等提供专业的生产和管理课程体系，以帮助他们能够结合自己的职业发展目标，有条不紊地与公司共同成长。这与专业序列、管理序列的职业发展双通道一脉相承，同时又与任职资格体系相互补充，从而激发员工的学习热情。因为基层员工发现这些学习地图、课程体系不是零散的，而是有规划、系统化的，并且和自己的职业前途息息相关。

细看师资体系的落地要点

四大支柱中的师资体系包含了外部智囊（即外部师资体系）和内部高手（即内部师资体系）。有了支持体系的硬核支撑，也有课程体系的内容抓手，我们还需要师资体系作为引擎来助推课程体系落地。

刘经理结合公司现状，认为既要实干也要巧干，要学会有效利用外部已有资源。他深知"他山之石，可以攻玉"的道理。借助外部智囊，如好口碑的实战派培训师、顾问，采取敏捷的拿来主义，取其精华并快速地为我所用。通过用资金换取智慧和时间，可以节约试错成本、时间成本和机会成本。通过圈内朋友推荐和各种考察，刘经理将成熟且口碑好的师资、课程陆续引入公司，为公司的管理人才梯队持续赋能，助力公司敏捷打造管理人才供应链。

　　然而，刘经理很快意识到，仅依靠外部师资并不足以满足公司发展的需求。由于外部师资对公司情况的了解有限，要实现有针对性的交付，很多时候需要通过微咨询的方式进行。这意味着需要投入更多的时间和经费。因此，刘经理认为不能仅仅依靠外部师资力量，还必须打造一支企业内训师队伍，两者都需要重视，两者都需要强化。因为外部师资并不一定能够掌握所有的专业知识。从组织能力角度来看，公司的可持续发展必须具备三大核心能力：专业实力、管理领导力、企业文化力。内训师队伍是持续赋能三大核心能力的必备资源。在很多情况下，从外部很难找到具备打造专业人才供应链的师资资源，而这种资源就在企业内部。研发技术人才、销售人才、生产管理人才、供应链管理人才等都在企业内部。同时，企业文化的传承和复制也无法依靠外部师资，而要依靠内部师资来实施。

　　刘经理认为，打造内训师队伍的前提是与高管统一认知。只有当公司的高管认识到并认同打造内训师队伍的意义和价值时，他们才能真正地重视和支持这一举措。因此，刘经理从高管的视角分析打造内训师队伍对行远公司的价值所在。他认为，行远公司内部的管理精英和业务专家、技术骨干兼做内训师有诸多优势：他们非常了解公司的实际情况，分享的内容更有针对性，同时通过教授他人，赋能他人，也提升了自己；通过跨部门的分享和交流，可以有效打破部门之间的隔阂，增进部门间的有效协同，还可以帮助公司沉淀、传承最宝贵的知识财富，营造充满活力的工作氛围，打造学习型组织。

　　在得到高管的支持后，业务部门和人力资源部门需具备火眼金睛、伯乐识人的慧眼，能够识别、挖掘内部高手，赋能内部高手成为既能干、又善写、还会讲的复合型人才。而赋能他人也是领导者必备的核心能力之一，内训师队伍也成为行远公司的一支潜在的领导梯队。

细看经营体系的落地要点

四大支柱中的经营体系是核心动能。经营意味着更主动地创造价值，就像经营业务一样培养人才。经营体系是人才培养的生态核心。之所以将其放在第四支柱，是因为其重要性和分量。建立好的经营体系能够让前三根支柱立得更顺、更稳、更正。立好经营支柱能够串联和打通前三大支柱，实现齐头并进、价值最大化。经营体系包含了一支赋能队伍和一套管理方法论。

一支赋能队伍包含由人力资源部门和业务部门组成的人才培养联合体。人力资源部门负责搭平台、造土壤、建机制、整资源、推方法；业务部门的直线经理负责当好团队的第一教练、第一导师、第一培训师，提供资源支持并跟进反馈。

一套管理方法论包含年度人才培养规划方法、关键岗位人才培养项目运营管理方法和质量管理方法。用敏捷思维、营销思维、经营思维进行人才项目管理时，重点聚焦三大业务场景：年度培训规划、关键岗位人才培养项目运营管理、关键岗位人才培养项目质量管理。

行远公司人力资源部门李总和刘经理深知，要为公司持续输送人才并支撑业务发展，他们必须成为复合型人才，既懂经营和业务，能和高管、业务部门经理进行有效沟通，为他们出谋划策，又精通支持体系、课程体系、师资体系的整体规划和运作，还能运筹帷幄，做好年度整体经营规划、关键岗位人才培养项目运营管理和质量管理。这对李总和刘经理的业务能力、专业能力、沟通能力、影响力、跨界领导力等综合实力是很大的考验。因为所有人才培养的工作仅靠人力资源部门的一己之力是无法有效开展的，必须通过与各业务部门有效分工协作、联动协同、合力执行，才能最终有效触达广大基层员工，形成强大的人才聚合效应、人才磁铁效应。因此，李总和刘经理在规划内训师体系建设时，决定请创始人张总担任公司内训师团队的荣誉内训师，并为新员工录制有关行远公司企业文化的线上课程。同时，在张总的支持下，他们将各业务部门的负责人以及优秀经理都纳入内训师队伍和导师队伍，作为中高层领导梯队项目和新员工培养项目的内训师与导师。为了激发大家的积极性，李总和刘经理还制定了一项新的晋升制度并进行了试运行：每年选拔优秀的直线经理进入集团内训师和导师人才蓄水池，在同等条件下，优秀导师、优秀内训师具有提拔晋升的优先权。

李总和刘经理在复盘时发现，有些部门的负责人和中层经理更关注业绩，对人才梯队建设、人才培养、人才保留工作仅停留在口头重视层面，实际行动并未给予足够关注。要想从根本上解决这一问题，李总和刘经理认为有必要从绩效管理方面进行优化，在与张总及核心高管团队充分沟通后达成共识：除了销售额、利润额、回款额等财务指标，客户满意度、大客户回购率等客户指标，产品合格率、交付实效性等运营指标外，新增了核心员工保留率、继任者储备数等团队学习和成长指标，并相应提高其在整体业绩考核中的权重，以引起各部门的充分重视。同时，要将培养后备干部和储备继任者作为管理者提拔晋升的必要条件之一。绩效考核指标具有风向标的作用，引导着公司的发展方向。此次调整为业务部门的各层级管理者指明了方向，有效引导他们不仅关注短期业绩，也要重视中长期团队建设、团队学习和人才培养；不仅关注有形资产，也要关注无形资产，只有这样才能支撑公司的业绩长虹。

综上，本章旨在解决以下三个问题。第一，厘清敏捷型人才培养体系建设的整体全貌，以拥有全局视野。第二，通过案例解读的方式，从抽象到具体，使读者深入理解四大支柱的关键管理动作。第三，为赢得高管和业务部门管理者的重视与支持，提出价值引领、制度先行、借力共赢的沟通策略。此外，针对预算和资源有限的情况，提出外部课程和自有课程共建、外部师资和内部师资共建、线下模式和线上模式共建、学习模式和工作模式融合的策略。

自我教练和实践 ••

1. 结合敏捷型人才培养体系的四支柱模型，复盘你所在的企业已经具备了哪些条件，还有哪些地方需要完善？

2. 结合你所在企业的实际情况，分析企业未来 1 ~ 3 年人才培养体系建设的工作重点、工作优先级是什么？为什么？

第四章

敏捷型人才培养体系建设方法

企业的核心竞争力不是人才，而是培养和保有人才的能力。对人才的有效管理才是企业真正的核心竞争力。

——华为创始人　任正非

企业持续成功＝战略 × 组织能力。

——腾讯集团高级管理顾问
中欧国际工商学院终身教学荣誉奖教授　杨国安

雇用聪明人不是为了告诉他们怎么做，而是为了让他们告诉我们怎么做。对A类人才要赋权、赋能、赋财，推动他们全力创造价值。

——苹果公司联合创始人　乔布斯

小心关照公司的最佳人员，给他们回报、提携、奖金和权力。

——世界第一CEO　杰克·韦尔奇

敏捷型人才培养体系四支柱模型系统思考和解决了人才培养体系建设的整体思路和顶层设计问题，并回答了以下问题：敏捷型人才培养体系的全景图应该是什么样的？它包含哪些核心要素？四支柱模型的内涵和外延及落地策略有哪些？

我们将面临一系列新的问题：如何构建敏捷型人才培养体系？我们应该从

何处着手？面对缺少思路、方法和工具的情况，我们应该如何应对？要解决这些新问题，首先明确大方向：要从传统的"重"培养体系转变为敏捷型的"轻"培养体系。下面我们将详细解析这套四支柱模型落地实施的整体思路、敏捷方法和实用工具。

打造第一支柱：如何敏捷建设支持体系

刘经理和李总一起从零开始建立一个新的体系。他们的理想很丰满，但现实却很骨感。万事开头难，初期，张总虽然口头上表示重视，但落实到行动上情况堪忧。例如，新员工培训需要张总来讲企业文化，但他经常以与重要会议相冲突为由推脱。时间久了，刘经理也就不邀请他了。此外，当需要张总提供预算支持时，他总是说"下次再议"，然后就没有下文了。

他们想组建一支内训师团队，于是邀请销售部、技术部和生产部的优秀员工自荐和推荐，却发现报名的人数屈指可数，私下问了几名员工，说是领导怕耽误本职工作，不太支持，只好作罢。

培训部门面临的三大难题如图 4-1 所示。

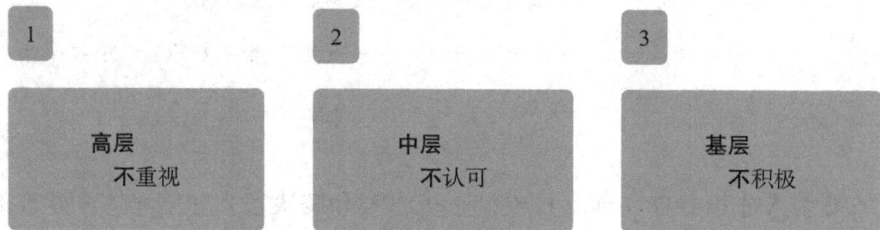

1	2	3
高层 不重视	中层 不认可	基层 不积极

图 4-1　培训部门面临的三大难题

培训体系建设是一项系统工程，需循序渐进、逐步推进。除了以上问题，刘经理还遇到以下困境。第一，缺人。目前人力资源部门一共有 4 名员工，而负责培训、学习发展模块的只有刘经理一个人。第二，缺钱。培训预算有限，建立这个体系需要投入大量资金。第三，缺权。人力资源部门在企业内部的权力相对较小，尤其是在关键决策方面。面对这三个困境，刘经理该如何做好培训体系建设工作呢？

培训管理者面临的困境如图 4-2 所示。

缺人	缺钱	缺权
培训部人少	培训预算少	位不高权不大

图 4-2　培训管理者面临的困境

要想中层认可、基层积极，首先高层得重视。如何向上管理，让高层真正重视人才培养和培训体系建设？答案是需要用价值引领。与其证明价值，不如创造价值。人力资源部门和培训管理者能为企业创造哪些价值呢？答案是能创造三大核心价值，具体如图 4-3 所示。

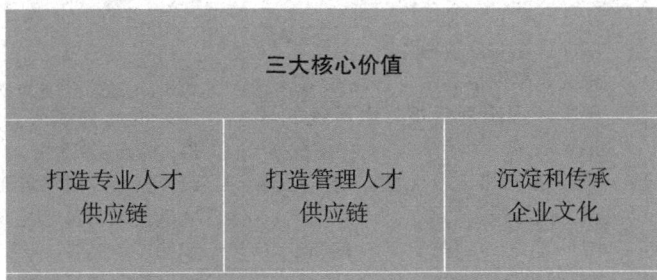

三大核心价值		
打造专业人才供应链	打造管理人才供应链	沉淀和传承企业文化

图 4-3　人力资源部门和培训管理者为企业创造的三大核心价值

如何解决三大困境，创造三大核心价值？我们必须要打磨如下三板斧。

第一板斧：打造硬制度，支撑敏捷培训体系落地。

兵马未动，粮草先行，打造五大硬制度，支撑敏捷培训体系落地。五大硬制度的主要内容和核心作用如表 4-1 所示。

表 4-1　五大硬制度的主要内容和核心作用

分类	主要内容	核心作用
任职资格制度	• 任职资格标准，任职资格定级评价，任职资格调整与管理，任职资格落实与反馈	• 规范人才培养和选拔，建立职业发展通道 • 引导员工不断学习，同时为晋升、薪酬管理等人力资源工作提供重要的依据
绩效管理制度	• 绩效计划和绩效目标的设定规则与方式 • 绩效反馈、绩效辅导、绩效面谈的目的、作用、方式、频次等 • 绩效考核评估的目的、对象、内容、标准、办法、时间、流程等 • 绩效激励及结果应用，包括奖惩和晋升标准、办法、时间等	• 保证组织战略目标的实现 • 促进组织和个人绩效的提升 • 科学化、差异化地创造价值、评估价值、分配价值 • 促进管理流程和业务流程优化
晋升调任制度	• 晋升、调任的原则、条件、标准、程序、流程、配套薪酬等 • 可把参加相关培训作为必要条件	• 提升员工素质和能力，充分调动全体员工的主动性和积极性 • 在公司内部营造公平、公正、公开的良性竞争氛围
薪酬激励制度	• 薪酬结构和激励措施，包含技能工资、级别工资、职务津贴、绩效奖金等，与个人和部门的培训、晋升、调任、绩效挂钩	• 提升个人和部门的工作、学习的积极性，从要我做、要我学，到我要做、我要学
培训管理制度	• 培训管理的分工和责任 • 培训效果评估方法（理论和实操考核、经理跟进反馈、学员提交成果等） • 课程体系和学习地图，包含必修课、选修课 • 内外部培训师的选拔、培训、考核、评定 • 培训预算管理	• 明确人力资源部门和业务部门直线经理的角色和职责，做到分工明确，责任共担 • 以终为始，明确培训价值证据链 • 明确培训和员工任职资格晋级、职业发展的关系 • 提供培训资源保证，支撑业务发展

制度建设不能急于求成。在制度建设中，敏捷意味着循序渐进、小步快跑。在制定优先顺序时，并没有标准答案，要根据企业的实际情况灵活设定。优先

级设定的原则是：集中优势兵力，增强免疫力，查漏补缺。目前很多企业的典型做法是将任职资格制度的建立和完善作为一个优先级。任职资格制度建设是人才管理的标准，也是人才管理的起始点和抓手。我们需要先建立标准，然后进行对标，最后达到标准。任职资格制度建设就像新基建一样，其质效直接影响绩效管理制度、晋升调任制度、薪酬激励制度、培训管理制度建设的质效。

制度建设也是一项系统工程，牵一发而动全身。制度中的制是制约，度是规范。制度可以像紧箍咒一样，不犯则不痛，但不能削足适履，强人所难。制度建设要以提高激励效果为目的，以事前防范取代事后追责，以积极的奖赏取代消极的处罚，从而有效地提高制度的执行效率。

如何敏捷打造五大硬制度？我总结了敏捷打造五大硬制度的三把钥匙：协同化——找典型代表，合力建成果；项目化——先试点检验，再优化铺开；激励化——以正激励为主，以负激励为辅。

[案例1]

要解决行远公司研发部、销售部、生产部管理序列中层管理者短缺的问题，开展中层管理者人才梯队项目是行之有效的方式之一。但研发部、销售部、生产部的三位总监的态度却不尽相同。研发部的赵总认为培养成本高、周期长、见效慢，所以持排斥态度。销售部的周总非常支持，希望通过该梯队项目为营销中心储备一批未来之星，以实现营销战略落地。生产部的孙总认为先把当下的生产任务保质保量完成才是第一要务，人才梯队建设虽然重要但不紧急，因此持观望态度。如果你是刘经理，面对三位高管不同的态度，你将如何应对？

刘经理经过深入思考后，先与人力资源总监李总充分沟通，然后与张总商讨，提出了以下解决思路。

第一，明确了项目开展的指导原则：积极主动，双向奔赴，借力合力，结果导向。

第二，设计了项目实施的核心策略：以点带面，首战必胜，用心经营，打造爆品。

第三，汇报了具体实施思路。不求大而全，而是聚力营销部门，打造行远公司人才梯队建设项目的成功试点。通过实践、优化和积累成功经验，摸索出一套适合行远公司的人才梯队建设的流程、方法、工具等，在实践中不断完善和优化，逐渐形成一套机制和制度。全力投入，将此次人才梯队项目打造成标杆，激励人心，进而通过品牌营销、饥饿营销，变被动为主动，吸引更多关键部门慕名而来，从"求你做"转变为"你要做"，助力业务部门走出人才困境、支撑业务发展。

刘经理在理顺以上思路后，和李总一起找到张总，就张总最关注的业务战略和价值进行沟通，最终达成一致意见。随后，刘经理主动找到销售部的周总进行沟通，并达成共识：首先聚焦大客户销售代表这个关键岗位，输出支撑该岗位能力建设的核心秘籍，包括知识技能图谱、学习地图、培养路径、培养模式、专属课程体系；其次为营销中心输送 30 名大客户销售经理储备人选，打造由 30 名优秀大客户销售经理组成的导师兼内训师队伍。

［案例 2］

华为公司的任职资格制度规定，如果员工的绩效排名在 B 以上，并且他的品德没有问题，就有资格申请晋升。当然，他的知识和工作能力以及工作结果也需要接受考核。华为公司还制定了一个人才培养的双塔模型，即基层员工在 3 ~ 5 年内有机会成长为基层的管理者或者业务骨干。如果他们对管理、团队和目标都有较强的认知，可以选择向基层管理者方向发展。如果他们对业务能够深挖，则可以成为业务骨干。任职资格制度建设对于人才培养起到了有力的推动作用。

华为公司的培训管理制度是人才培养的强大助力。华为大学的定位是要成为公司能力提升的使能器。华为大学的人才培养理念是用最优秀的人来培养更优秀的人。什么是最优秀的人？就是在华为一线工作中取得卓越业绩的人，在重大项目中取得成功的人。这些人要走上讲台，分享他们的成功经验和心得，结合训战模式，培养更多优秀的人。这也体现了费曼学习法的精髓：教是最好的学。

华为公司的晋升调任制度是人才培养的强大吸力。公司的高管根据公司的战略重点和实际情况制订继任计划，并以此驱动所有相关的活动。

[案例3]

通用电气公司和惠普公司的基业长青，平衡计分卡（Balanced Score Card，BSC）绩效管理制度和继任者计划是两个极其重要的支撑。BSC是哈佛大学罗伯特·卡普兰博士的伟大贡献，它作为一种前沿的、全新的组织绩效管理手段和管理思想，在全世界各行各业得到了广泛的运用。BSC是经典的绩效管理方式之一，同时也是一种战略管理工具。BSC是从财务、客户、流程、团队学习与成长四个角度，将组织的战略落实为可操作的衡量指标和目标值的一种新型绩效管理体系。BSC的核心理念是：企业通过运用人力资本、组织资本、信息资本等无形资产（团队学习与成长），创新并建立战略优势和效率（内部流程），进而为市场带来特定价值（客户），从而实现股东价值（财务）。

结合BSC的核心思想，通用电气公司和惠普公司衡量管理者是否卓有成效的标准不仅仅是财务指标，他们将财务、客户、流程、团队学习与成长四个层面有机结合，并且团队学习与成长层面的权重占比一般不低于20%。具体KPI或OKR指标和权重设计因各事业部、业务单元、部门的职责定位和实际情况而异。因为通用电气公司和惠普公司深知：财务指标是滞后性的结果指标，而要拿到财务结果必须有效管理客户、流程、团队这三个领先指标，必须创造忠实客户，必须精细化地管理过程，必须打造一支训练有素，有凝聚力、向心力、战斗力、人才济济、良将如潮的团队，化无形资产为有形成果。是否打造了人才梯队、是否培养了自己的接班人是通用电气公司和惠普公司考核管理者的一个重要指标。例如，高绩效员工的保有率、新员工流失率、梯队人才储备数、接班人数量和质量等。卓有成效的管理者是团队的首席人才官，能够选对人、育好人、用对人、留住人，能够吸引、团结、培养、激励一批优秀的人达成共同的目标。卓有成效的管理者有理想、有抱负、有格局，能够有效培养团队继任者，让自己的团队人才济济、良将如潮。通用电气公司和惠普公司会重用和提拔这样的管理者，并且设计了相应的制度，从制度层面进行保障：管理者只有培养出合适的继任者，自己才有机会得到提拔和晋升。我特别喜欢彼得·德鲁克说的这句话：管理的本质就是最大限度地激发人的善意和潜能。通用电气公司和惠普公司的绩效管理制度最大限度地激发了人的善意和潜能，打造了共赢机制，实现了共赢；从制度上规避人性的弱点，如担心招聘到比自己更优秀的人，担心培养出的接班人会取代自己的位置。

通用电气公司不仅因其创造的经济效益而受到世人的关注，而且其享誉全球的"继任者计划"也备受瞩目。在其130多年发展历史中有10位董事长兼CEO都是从内部选拔出来的，并且都实现了稳定可靠的交接。杰克·韦尔奇带领通用电气创造了世界神话，被誉为"全球第一CEO"。在他的自传中，韦尔奇写道："选择接班人的工作不仅是我职业生涯中最重要的一件事，而且是我面临过的最困难、最痛苦的选择。我的成就将取决于我的继任者在未来20年里将公司发展得如何。"

很多企业面临的痛点是：管理者重视业务、重视短期绩效结果，但忽视甚至轻视人的激发、人才培养赋能、过程的精细化管理，导致最终战略无法有效执行和落地。究其原因很可能是在绩效管理制度的顶层设计上出了大问题，过度关注财务、客户、流程层面，而忽略了团队学习与发展。管理者不重视建设团队、培养团队和人才赋能，导致人才流失、人才断层、人才匮乏，最终使企业发展失去平衡，并失去了持续发展的后劲。如今，许多知名企业意识到绩效管理风向标的重大牵引和导向作用，开始结合自身的实际情况，灵活运用 BSC 这种系统化绩效管理方式进行绩效管理，并通过实施继任者计划进行领导梯队建设，从而将无形资产转化为有形成果。

第二板斧：强化软文化，促进敏捷培训体系落地。

华为创始人任正非曾说过，世界上的一切资源都可能枯竭，但只有一种资源可以生生不息，那就是文化。三流的企业人管人，二流的企业制度管人，一流的企业文化管人。为了确保敏捷培训体系的顺利实施，我们不仅需要建立和完善硬制度，还需要强化软文化。关于如何强化软文化，我总结了三个成功的关键要素：一要巧借力，会造势；二要抓关键，树标杆；三要讲故事，善营销。下面我们来看看刘经理在李总的指导下是如何逐步实现目标的。

经过几个月的协同、联动准备，销售部开始试运行人才梯队项目——远征计划。行稳致远，征服新世界。在项目启动会上，甄选出的 30 名销售骨干和 30 名优秀销售经理济济一堂。刘经理提前两周邀请公司一把手张总在启动仪式上发表重要讲话。张总言辞恳切地分享了此次项目的重要意义，表达了高度重视和殷切期望，强调了目的、目标和角色分工。张总言简意赅、铿锵有力又饱含真情的一番话极大地感染和感召了在场的所有人。每个人都能感受到弥漫在会场中的正能量。刘经理看到大家兴奋、期待又略有紧张的表情，心里别提有多开心了！心想：借力借势真是太重要了！这效果就是不一样，瞧瞧大家这劲头，和之前的勉为其难形成鲜明的反差。好的开始是成功的一半。李总和刘经理分别与大家分享了此次项目的总目标、阶段性目标、对企业和个人的价值、实施流程、输出成果的界定、具体职责分工、项目管理办法、运营办法、团队和个人激励办法等。其中特别强调了优秀学习团队、优秀个人的评选和激励办法，包含对标杆团队和标杆个人的物质奖励、荣誉激励、发展激励。标杆团队和标杆个人的成功案例将在集团内外通过多媒体的方式全方位进行公开表彰、宣传和学习。这既是一种极强的荣誉激励措施，又是一种一箭多雕的品牌营销方式，学习型组织的雇主品牌营销，优秀部门、团队和个人的品牌营销，优质人才项目的品牌营销。

第三板斧：推动数字化，支持敏捷培训体系落地。

在数字化、数智化时代背景下，我们还需要搭建数字化系统，以支持敏捷培训体系落地。

1. 资源管理数字化系统，如人才数字化档案管理系统、内训师师资库管理系统、预算管理系统、培训会议室管理系统、课程体系管理系统等。

2. 运营管理数字化系统，如前中后项目运营系统、班级管理系统、项目管理系统、OMO线上线下运营管理系统等。

3. 质量管理数字化系统，如专业知识和管理理论线上测试管理系统、实操考核结果管理系统、行为评估数据管理系统等。

刘经理在经营项目的过程中，也遭遇了缺人、缺钱、缺权的困境。行远公司的培训部目前只有刘经理1人，除了这个项目，同时还有其他的项目和工作要做，时间和精力有限。面对这样的情况，刘经理应该怎么办呢？还是要借力！借助数字化系统和工具将自己的时间和精力解放出来。

刘经理查到一些知名的数字化系统的价格高达六位数。尽管公司对该项目给予了大力支持，并为此专门拨出了预算，但刘经理和李总经过分析，决定将预算用在更合适的地方，不能急于引入昂贵的数字化、信息化系统，先充分利用好现有的EXCEL软件，以更高效、智能、集约地完成各种事务性工作。例如，将30名销售骨干的30位优秀导师和内训师的档案表、预算表、项目进度甘特图等信息建立数字化台账，形成项目管理仪表盘。根据项目计划、实施的情况，定期进行跟踪、更新、分析、优化，实现数字化、可视化管理。同时，巧妙地借助一些专业的互联网工具进行项目的基础运营和质量管理工作，如项目阶段性宣传短视频制作、赋能学习班的签到、学习测试、线上自学、线上直播、效果反馈等。通过运用互联网数字化的系统和工具，可以大大提高项目管理工作的效率，降低项目管理工作的难度和成本，从而将更多的时间和精力投入经营中，以实现增值。经营和增值意味着洞察业务、持续观察、对话共创、复盘优化，这些方面更值得投入时间和精力。

刘经理和李总与张总通过进一步沟通达成共识，各中心确定1名赋能专责人员，除负责原有工作外，专门与培训部对接人才培养和赋能相关工作。这样形成的人才培养和赋能责任共担联盟机制，既提升了业务部门的参与度、重视度，又节省了沟通成本。同时，在班级运营方面采取了去中心化、自组织的运营模式。每个团队成员分工轮流担任班长、班委，组织班级的日常学习社群运营，建立并完善班级自我管理规则。各团队内部也采取了轮值方式，轮流担任队长、队委，做到人人身上有角色、团队班级责任一起挑。培训部的责任是搭建平台、建立机制、设计框架、营造氛围、提供赋能，以实现责任共担、使命必达的目标。

自我教练和实践 ●●●

　　1. 支持体系的内涵、五大制度建设工具表和三板斧策略，给你带来哪些启发？

　　2. 你所在企业目前的支持体系现状如何？接下来建设和完善的目标是什么？准备从哪里切入？

　　3. 结合三板斧策略，分析你所在的企业是如何循序渐进建立和健全支持体系的。

打造第二支柱（上）：如何敏捷建设线下课程体系

我很喜欢电影《教父》中的一句台词：花一秒钟就能看透事物本质的人，和花半辈子都看不清事物本质的人，注定是截然不同的命运。那么，课程和课程体系的本质又是什么呢？罗振宇曾这样描述，课程的本质是激发禀赋，教育的本质是人点亮人。要想敏捷建设课程体系，必须弄清楚课程体系的内涵，弄明白课程体系是什么，明辨"是非"，厘清方向，方能事半功倍。

下面重点解决两个问题：第一，课程体系的"是"与"非"；第二，课程体系与学习地图的关系。

行远公司有十几个部门和上百个岗位，每个部门和岗位都不可或缺。那么，课程体系建设是面面俱到、全面铺开，还是从某些部门、某些岗位做起呢？如果全面铺开，那么由于培训部人员和预算有限，做不过来怎么办？如果从某些部门、某些岗位做起，那么应该先从哪些部门、哪些岗位做起呢？如何精准定位课程体系建设的切入点？如何将有限的人、财、物等资源用在合适的地方？如何厘清课程体系建设的整体思路？怎样让课程体系建设更加短平快、敏捷高效？面对这些问题，行远公司负责课程体系建设的刘经理陷入了深思。

让我们也带着这一系列的问题，先从说文解字开始，探讨"课程体系"的"是"与"非"，具体如表4-2所示。可能有人会说："课程体系并不难理解，它不就是一张课表吗？是公司内外部相关课程的罗列和堆砌吗？是从各种渠道拼凑的课程清单吗？"答案肯定不是这样的。那么，课程体系到底是什么呢？结合多年的实战经验，我给课程体系下的定义是：以推动员工胜任、支撑组织绩效、促进业务发展为导向，结合企业战略进行系统规划、动态调整的整体解决方案。

表 4-2　课程体系的"是"与"非"对比

课程体系的"是"	课程体系的"非"
整体解决方案	课程堆积
系统规划，动态调整	随意拼凑
绩效导向，胜任导向，发展导向	为上而上

课程体系既不是一张课表，也不是课程的堆砌，而是一个整体解决方案，旨在帮助关键岗位员工从入门到高手，实现绩效的快速提升。课程体系为这些员工提供了一条敏捷且高效的学习成长路径，这条路径是他们工作胜任、绩效提升、职业发展的加速器。基于课程体系的内容，根据不同的学习方式、顺序和时长，以能力发展路径和职业规划为主轴而设计的一系列学习活动图示，称为学习地图。课程体系和学习地图就像硬币的正反面，核心相同，但表现形式有所不同。

课程体系是不是把以前开发的各种课程、各种资源拼凑起来就可以了？课程体系是否可以一次性完成并长期使用？课程体系是静态的还是动态的？在这个不断变化的时代，课程体系必须结合企业经营战略和人才战略，进行系统规划，确保与企业的发展战略紧密结合。因为企业的战略会随着市场的变化而变化，与时俱进，所以课程体系也必须紧跟企业战略的变化节奏，灵活调整。建设课程体系时，我们需要具有前瞻性的眼光和系统性的思维，能够根据企业战略的调整，动态分析关键岗位的关键业务场景和核心胜任力要求，从而设计出更具前瞻性、计划性的课程体系。

有人说："不要把事情想得太复杂，不就是为了上课吗？"我相信大家都认同：课程体系绝不是为了上课而组合的一套课程清单，这一定不是我们建设课程体系的目的。那么，建设课程体系的真正目的是什么呢？建设课程体系的目的不是上课，而是提升工作胜任力、促进绩效提升、助力职业发展。也就是支持新员工更快地胜任工作，促进新老员工的绩效持续改进，助力新老员工实现更好的职业发展，确保优秀的人才在本企业能够拥有更好的发展前景。

自我教练和实践 ••

1. 结合课程体系的内涵，分析你所在的企业有没有建设课程体系？

2. 如果你是行远公司创始人张总，你怎么理解绩效和课程体系的关系？

3. 如果你是行远公司人力资源总监李总，你会如何开展课程体系建设工作？

4. 课程体系与学习地图的关系是什么？

5. 课程体系的四大价值是什么？

通过以上对课程体系的深入分析，我们可以就行远公司面临的人才困境，探讨课程体系可以助力企业解决哪些痛点问题。

以行远公司的销售部为例，我们发现各区域的销售业绩存在很大差距。有些区域销售代表的年销售额能够达到 1 000 多万元，而有些区域的销售代表只能达到 500 多万元。这种差异引发了一些问题，因为都是在二线城市，市场需求和消费者偏好等调研结果差异并不大。那么，为什么会出现如此巨大的业绩差距呢？同时，即便是同一家公司的销售部，销售人员的业绩也存在很大差异，如排名靠前的销售代表可以实现 1 000 多万元的年销售额，而排名靠后的销售代表只能实现 500 多万元的年销售额。为了提高整体销售能力，人力资源部和销售部联手好不容易挖到几名有经验的销售代表，希望他们能够迅速适应并取得良好的业绩。可是现实往往与理想相差甚远。好不容易挖来的销售代表来到新公司，不仅迟迟做不出业绩，甚至有的还没过试用期就离职了。这导致前期招聘的所有投入付诸东流，给负责招聘的曲经理带来了巨大的困扰。此外，销售岗、研发岗、技术岗、生产管理岗等关键岗位的业绩压力也非常大，有的岗位需要经常出差，有的岗位需要经常加班，还有的岗位需要轮班工作。多年来，公司一直在进进出出大量的人才，但销售、研发、技术、生产管理等部门依然常年招聘，人才缺口一直存在。

读到这里，大家是否像行远公司人力资源部的小伙伴们一样，不禁发出一声长叹："我们太难了……"调整一下情绪，让我们回归理性，一起总结下行远公司与很多企业经常面临的痛点。

1.关键岗位人员绩效参差不齐。

2.关键岗位有经验的新人水土不服、学无路径、无法胜任，经验少或没经验的新人融入慢、上手慢。

3.关键岗位人才缺口大。

当然，要想解决行远公司的人才缺口问题，绝非一日之功，也非课程体系一招制胜。正如本书开篇所提到的，行远公司要想走出人才困境，必须从源头上转变思维、改变行为，从过度依赖外部招聘转变为注重内部培养和外部引进，实施人才战略的双循环：一方面积极招聘外部人才；另一方面加强内部人才培养，两手都要抓、两手都要硬，同时发力共同推进。敏捷课程体系恰恰能够助力行远公司解决上述三大痛点，并在以下四个关键领域发挥重要作用，具体如图4-4所示。

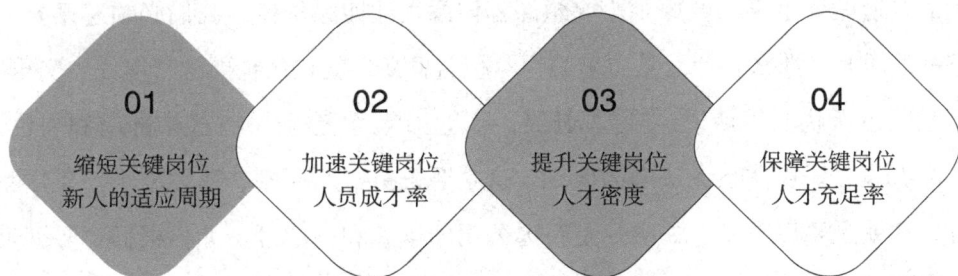

| 01 | 02 | 03 | 04 |
| 缩短关键岗位新人的适应周期 | 加速关键岗位人员成才率 | 提升关键岗位人才密度 | 保障关键岗位人才充足率 |

图4-4 敏捷课程体系建设的四大价值

在明确了课程体系"不是什么""是什么"以及"为什么做"之后，接下来大家最关心的就是到底该"怎么做"了，即如何敏捷地进行课程体系建设。我根据多年的实践经验总结出了一套实操攻略，即"1137洋葱模型"，具体如图4-5所示。

图 4-5　敏捷课程体系建设 1137 洋葱模型

第一，敏捷课程体系建设的一大原则。

敏捷课程体系建设的一大原则，即要事第一原则。德国诗人歌德说："重要之事决不可受芝麻绿豆小事牵绊。"史蒂文·柯维在他著作的《高效能人士的七个习惯》一书中指出，要事第一是高效能人士自我管理的重要习惯。这个习惯不仅适用于个人效能提升，也适用于企业管理效能提升。而课程体系建设属于企业培训体系建设和知识管理范畴，要想实现课程体系建设的高效能和敏捷化，也需要遵循要事第一的原则。要想课程体系发挥四大价值，我们必须遵循要事第一的原则。那么，什么是要事第一？顾名思义，就是最重要的事情优先安排，不被琐事所扰。俗话说："将军赶路，不追小兔。"企业中有很多部门和岗位，资源有限，课程体系无法面面俱到，这就要秉持二八原则，抓大放小，抓住关键，这就是要事第一。如果你是行远公司的李总和刘经理，如何根据"要事第一"的原则开展课程体系建设工作？要做到要事第一，首先，要有明确的目标和使命；其次，要分辨轻重缓急；最后，要合理分配时间。这也是时间管理、精力管理的精髓。

行远公司的课程体系要做到要事第一，首先要回归初衷，即建设课程体系的目的。建设课程体系是为了上承战略、中促绩效、下推胜任。本书开篇提到的行远公司的三年战略目标：年销售额翻番、3年突破50亿元销售大关，工艺自动化、数字化转型，经营模式进行多元化发展，3年内上市等，那么课程体系建设如何承接和支撑企业的战略落地呢？企业战略对于课程体系建设而言意味着什么呢？又如何关联？"年销售额翻番"意味着行远公司的核心竞争力之一——销售能力要持续加强，也就是销售部门一如既往非常重要。因为销售部门主要承载着公司销售收入的重任。"工艺自动化、数字化转型"意味着行远公司必须具备模块化、智能化的制造工艺和相关人才，具备规范化、精细化的工艺和技术管理能力及相关人才。"经营模式进行多元化发展"意味着面对激烈的市场竞争，行远公司既要在核心业务上保持竞争力，还要在成长业务和新兴业务上进行战略布局，寻找第二、第三增长曲线。这也意味着行远公司必须具备更强大的市场洞察和战略规划能力，强大的客户需求洞察、信息搜集、整理、分析能力；具备核心产品、成长产品、新兴产品的敏捷研发能力，以及与客户需求匹配的生产能力（包括设备维护力）等。"3年内上市"则意味着行远公司必须接受严格的第三方审计，具备规范化、精细化的综合治理能力，具有至少3年持续盈利的能力。

综上我们得知，行远公司的企业战略对组织能力、人才战略有着极高的要求。在对行远公司的发展战略进行深入分析后，课程体系建设的方向逐渐显现。行远公司课程体系建设的大方向是优先针对销售部、研发部、技术部、生产部，同时需要高度关注整体管理团队赋能。因为只有管理者卓有成效，才能带领团队取得胜利，实现战略目标。但是新的问题又来了，这四个部门加起来有几十个岗位，需要全面铺开来做课程体系吗？

第二，敏捷课程体系建设的一大聚焦。

敏捷课程体系建设的一大聚焦，即聚焦关键岗位。要想使课程体系真正发挥其价值，我们必须学会抓关键、抓重点。敏捷课程体系建设必须做到要事第一、聚焦关键，也就是聚焦关键部门中的关键岗位。为此，我们需要思考以下问题：哪些部门和岗位的能力建设是当前和未来 1 ~ 3 年的重点？如何分清轻重缓急，做好优先级排序？如何集中资源，确保课程体系建设聚焦于关键领域并发挥其价值？为了回答这些问题，我们需要明确敏捷课程体系建设的三大标准。

第三，敏捷课程体系建设的三大标准。

在瞬息万变的市场环境下，企业的人、财、物等资源有限，我们在构建课程体系时要摒弃贪多求全的思想，学会聚焦关键岗位，集中优势资源，逐步积累成果。要想聚焦关键岗位，首先需要识别和定义关键岗位。那么，如何识别关键岗位？如何定义课程体系建设的优先级？先从哪些关键岗位做起？到底哪些是关键岗位？接下来，我们将详细解释敏捷课程体系建设的三大标准，具体如图 4-6 所示。

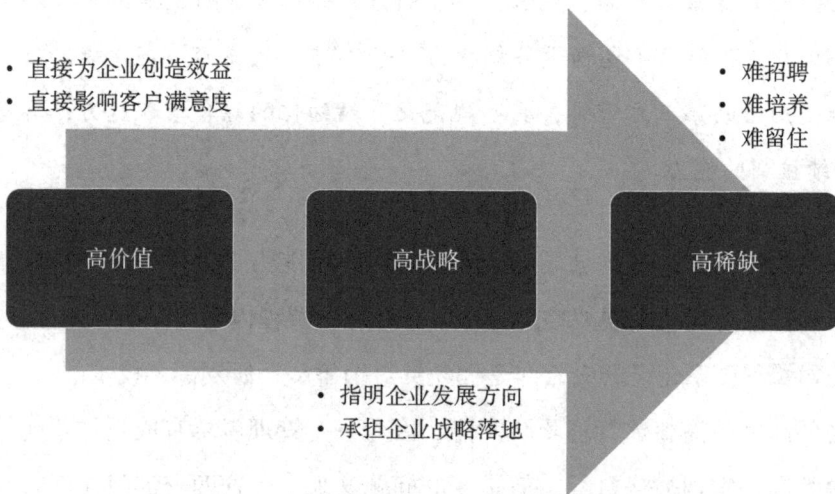

- 直接为企业创造效益
- 直接影响客户满意度

- 难招聘
- 难培养
- 难留住

高价值　　　　高战略　　　　高稀缺

- 指明企业发展方向
- 承担企业战略落地

图 4-6　敏捷课程体系建设的三大标准

高价值意味着这个岗位能够直接为企业创造经济价值。现代管理学之父彼得·德鲁克说："所有战略都有一个共同点，那就是创造客户。"这不仅是企业的目的，实际上也是所有经济活动的最终目的。例如，行远公司销售部的大客户销售代表这一岗位能直接为公司创造经济效益。同时，高价值还意味着这个岗位能够直接为客户创造价值，从而影响客户的体验和客户满意度。

行远公司生产部的班组长既要参与一线生产，又要确保班组按时、保质、保量、安全地完成生产任务。产品的质量问题直接关系到客户的使用体验，进而影响客户的满意度。客户满意度高，他们才会回购，成为我们的忠实客户，从而提高公司的效益。老客户满意，其才愿意为我们推荐新客户。产品口碑好，才会留住老客户、吸引新客户，进一步提高公司的效益。同样，行远公司的研发工程师、工艺工程师的研发和技术水平，也会直接影响产品性能和客户体验，从而影响客户的满意度。

高战略意味着这个岗位肩负着企业的发展战略、竞争战略的制定和落地，或承载着指明企业战略方向、制定企业战略的关键使命，或承担着承上启下的关键职责：承接战略、战略解码、战略落地。

行远公司的高管——张总、副总经理、各部门负责人的决策将直接影响公司的长远发展方向是否正确。他们要回答关于公司未来走向的问题，如选择做什么、不做什么等。正如杨国安教授所提出的公式：企业成功＝战略 × 组织能力。企业的基业长青、持续成功，取决于两大关键要素：一是企业的战略方向正确，二是企业的组织能力强大，二者是乘法的关系，它们相辅相成，缺一不可。方向对，步步对，方向错，步步错。毋庸置疑，企业的高管要设计和制定公司的发展蓝图并明确公司的发展方向。同样，中层管理者和基层管理者，如销售经理、研发项目经理要承接和执行企业战略，发挥着承上启下的战略目标分解和落地实施的重要作用。因此，带领团队的中层和基层管理岗基本上也被视为关键岗位。

高稀缺意味着这个岗位在人才市场上具有稀缺性、独特性、难以替代性，在人才市场上供不应求。因此，这一岗位通常面临三大难题：难招聘、难培养、难留住。为了解决这三大难题，我们需要定期进行人才盘点，结合企业发展战略，评估企业人才质量缺口、人才数量缺口和人才结构缺口，并提前进行人才储备。

行远公司的大客户销售代表、高级研发工程师、高级技师、高级工艺设计师等职位的专业技术含量都很高，而同行业的竞争对手也在挖猎这些关键岗位的人才。

那么，新的问题出现了：行远公司符合三大标准的岗位貌似也不少，如大客户销售代表、高级研发工程师、班组长、中高层管理者等，虽然进行了减法操作，但仍无法聚焦。聚焦几个关键岗位更合理呢？是只要满足其中一个标准就算关键岗位，还是需要同时满足三个标准呢？识别关键岗位的这三大标准之间又是什么关系呢？这三者是相辅相成、相互影响、相互制衡的关系。并没有一个标准答案来确定三者之间的权重分配。但是，从以终为始、由外而内的视角来看，岗位是否关键，首先要看能为企业创造多大的客户价值。在权衡关键岗位的最终意义时，结合帕累托定律，建议将高价值的权重定为50%、高战略的权重定为30%、高稀缺的权重定为20%。

评判岗位关键与否，首先看该岗位是否能为企业直接创造效益。例如，行远公司未来三年的目标是实现销售额翻番。在这种情况下，销售岗位无疑是一个关键岗位。但是，我们不能仅凭此就下定论。我们需要深入分析销量的来源。销量的增长不仅依赖于销售团队的努力，更需要产品本身的竞争力。如果现有产品市场已经饱和，那么要提高销量，就需要引领市场的新品。与竞争对手的产品相比，新品更具独特性、创新性、更能满足和引领客户需求，只有这样才有机会赢得客户青睐，从而占领更多的市场份额并实现业绩目标。因此，在这种情况下，研发、技术岗位要比销售岗位更为关键。它们需要研发出更具附加价值、更具差异化、更高技术壁垒、更有竞争力的产品。

综上，一般来说，销售岗、研发岗、技术岗、生产制造岗、带团队的管理岗基本上属于关键岗位范畴。关键岗位是静态的还是动态的，是一成不变的还是与时俱进的？答案毋庸置疑，关键岗位是动态的、与时俱进的。因为市场在不断变化，企业必须根据市场态势和客户需求、竞争对手等情况，动态调整企业战略。随着企业战略的变化，选择的赛道也会发生变化，市场策略会随之调整。因此，关键岗位不能一成不变，而要灵活调整，敏捷应对。每年甚至每半年，关键岗位有可能发生改变，这就需要我们具备敏捷的判断和调整能力。这里要注意，培训管理者需要具有外部视野、市场视角、经营思维、战略高度，只有这样才能够与业务高管保持同频思维，进行有效的沟通，才能与业务高管共同界定关键岗位。

落实到操作层面上，结合关键岗位的三大标准，我设计了关键岗位评估表，如表 4-3 所示。培训管理者先通过调研分析和初步评估，对根据三大标准细化的七个子维度进行打分，并对比分析未来 1～3 年企业关键岗位的优先级，然后就方案与核心管理团队沟通、评审、校准，最终达成共识。这样，培训管理者就可以将有限的资源聚焦到达成共识的关键岗位上，以支持关键岗位的梯队建设、人才赋能、绩效改进。

表 4-3　关键岗位评估表

岗位名称	高价值 （50%）		高战略 （30%）		高稀缺 （20%）			总分
	直接为企业 创造效益 （25分）	直接影响 客户满意度 （25分）	指明企业 发展方向 （15分）	承担企业 战略落地 （15分）	难招聘 （7分）	难培养 （6分）	难留住 （7分）	
大客户销售代表	25	25	6	12	7	5	6	86
班长	21	22	5	12	5	4	5	74
高级工程师	23	23	5	13	7	5	6	82

行远公司的刘经理首先根据公司 1 ~ 3 年的发展战略、竞争战略、组织架构，初步判定公司 1 ~ 3 年的部分关键岗位是：销售部的大客户销售代表、生产部的班长、研发部的高级工程师。其次根据关键岗位评估表，分别从岗位的高价值、高战略、高稀缺三大维度和七个子维度进行对比分析与打分，排出优先级。再次根据这三个关键岗位的数量、质量、结构的缺口情况，提出关键岗位人才赋能和梯队建设的方案。最后刘经理可以将这些分析结果和建议方案向高管汇报，助力高管结合业务战略制定人才战略，为高管进行经营决策、合理配置资源提供支持。

自我教练和实践 ●●●

1. 你所在企业的关键岗位有哪些？

2. 关键岗位课程体系建设对你所在的企业产生哪些影响？

3. 如何向上沟通，就你所在企业的关键岗位达成共识？

第四，敏捷课程体系建设的七大要素。

培训管理者根据敏捷课程体系建设的三大标准和关键岗位评估表，与企业核心管理团队就关键岗位优先级达成共识后，就可以聚焦优先关键岗位进行课程体系建设。敏捷课程体系建设的七大要素有哪些？敏捷课程体系建成后，其具体形态是怎样的？具体如表 4-4 所示。

表 4-4　敏捷课程体系建设的七大要素

培训管理岗	学习主题	学习目标	学习资源	学习时长	学习方式	学习效果
培训专员	线下学习项目的完美执行	能够熟练应用线下学习项目执行五步法，顺利实施项目，达成项目目标	线上微课	线上微课10分钟	• 自学 • 标杆观摩	• 在线自测合格 • 交付一次项目，客户满意度达标

（续表）

培训管理岗	学习主题	学习目标	学习资源	学习时长	学习方式	学习效果
培训专员	新员工培训表达技巧	• 能够应用全感官表达三大核心技巧 • 交付新员工初阶标准课程 • 达成新员工入门培训目标	• 线上微课 • 标杆视频	• 线上微课10分钟 • 标杆视频观摩30分钟	• 自学 • 师带徒	• 在线自测合格 • 交付一次新人入门训，学员满意度达标 • 新人测试达标
培训经理	培训体系建设					
	年度培训规划					
	混合式学习项目设计与管理					
	学习地图建设					
培训总监	企业赋能中心顶层设计					
	数字化学习系统建设					

以培训管理岗为例来分析。第一，我们要明确这个课程体系是为谁建立的，即谁是关键岗位。培训管理岗属于比较关键岗位。因其要通过复合型、独特性的综合能力为业务、组织和人才赋能，为企业打造人才供应链。培训管理岗是一个岗位序列，一般包含培训专员、培训经理、培训总监。第二，明确了解决方案是为谁提供的，那么接下来到底学什么，学习主题是什么，如培训专员要学习线下学习项目的完美执行、新员工培训表达技巧等。第三，要明确针对该学习主题的学习目标和学习纲要是什么。同时要解决一个重要难题——如何衡量培训效果？课程体系建设要以终为始，目标前置。要明确学成什么样，达成怎样的效果，而且要达到柯氏四级评估的三级行为改变。例如，培训专员能够熟练应用线下学习项目执行五步法，并使学员满意度达到4.5分以上，90%以上的学员理论考核合格。这些目标是可观测、可衡量的目标。这样的目标才能更好地支持绩效达成、培训效果转化和落地。第四，我们应从哪里获取这些学

习资源？第五，我们需要多长时间完成相关学习内容？第六，我们应该采取什么样的学习方式来进行？第七，我们应该采用什么方式来测评项目的成功与否？

如何梳理这七大要素？具体方法是什么？这个方法就是关键岗位工作任务分析法，该方法将在如何敏捷建设经营体系中进行详细介绍。

自我教练和实践 ●●

1. 分析你所在企业的课程体系要从哪个或哪几个关键岗位开始切入，为什么？

2. 尝试用敏捷课程体系七大要素梳理一个关键岗位的课程体系。

3. 分析课程体系建设和师资体系尤其是内训师体系建设能否同步开展。如果可以，怎样开展？

打造第二支柱（下）：如何敏捷建设线上微课体系

在这一节，我们将解决以下三个问题。

1. 培训体系建设如何通过微课体系实现敏捷化、数字化创新？

2. 如何规避微课体系建设的三大坑点，减少试错成本？

3. 如何敏捷建设微课体系，提升培训部门数字化转型的效能？

微课已经不是什么新鲜事物，但很多培训管理者依然面临诸多困惑。例如，为什么不从外部培训机构直接引进现成的微课程，还要自己费时费力建设呢？微课体系是不是一定要用动画等方式做得越酷越好？有些企业已经购买了不少微课，但发现大家的点击率很低，这该怎么办呢？

要解决上述问题，我们首先需要思考：建设微课体系的价值是什么？

第一，微课体系能够支撑专业技术岗位任职资格晋级。通过线上微课体系可以灵活、高效地解决专业人才应知应会和升级迭代的知识技能赋能问题。

行远公司生产一线的技工、技师、班组长这些岗位应知应会和升级迭代的知识技能包括生产流程、生产工艺、产品知识等。公司可以把这些应知应会和升级迭代的工艺、流程、产品知识等制作成系列微课放到线上，方便大家随时随地学习，帮助他们在专业技能上不断巩固、提升，更灵活高效地提升专业技术岗位任职资格晋级和专业人才梯队建设的效率与效果。

第二，微课体系能够支撑管理职能岗位胜任能力进阶。很多企业都设计了职业发展双通道：专业人才序列发展通道和管理人才序列发展通道。我们可以将管理者应知应会的管理基础理论知识尤其是具有本企业特色的内容制作成系列微课，使储备人才、经理随时随地在线自学和复习，从而达到敏捷学习新知识和温故知新的效果。同时，我们可以提供核心理论、方法论等考核测试，以便他们自我检验学习效果。此外，我们还可以融合线上与线下学习方式，以加速管理职能岗位胜任能力进阶和管理人才梯队建设。

第三，微课体系能够支撑企业文化的复制和传承。企业高管非常关注企业文化建设，因为良好的企业文化能够增强企业的向心力、凝聚力。企业文化包含企业的愿景、使命和价值观，相较于说教式、照本宣科式的企业文化宣贯，形式多样、丰富多彩的企业文化建设活动能够让企业文化深入人心，形成文化向心力和战斗力。那么如何让企业文化深入人心呢？关键在于不断学习、实践和传播。通过线上微课的形式，将企业文化短视频、创始人的故事、员工践行企业文化的故事等进行传播，将企业文化的行为规划进行游戏化测试等，使员工逐渐将企业文化内化于心，外化于行。

我在通用电气公司工作期间，每年公司都会组织全体员工参与企业文化线上微课的学习。这一举措旨在让员工重新审视和学习公司的企业文化，尤其是核心价值观。公司采用喜闻乐见、方便灵活的在线学习形式，让员工养成温故知新的习惯，以实现思想的统一和行为规范的一致。通过企业文化系列微课的学习，能够夯实和加速企业文化的复制与传承。

在明确了微课体系建设的三大价值之后，要想实现高效敏捷的微课体系构建，必须先避坑，如拿来主义、炫酷主义和放养主义。

第一个坑，拿来主义。许多人可能会认为，行业内有很多现成的微课，我们拿来直接用即可。确实，行业内有很多通用技能类的微课，如职业素养和项目管理等专业技能、管理、领导力基础理论的微课。其中一些内容具有一定的普适性，可以采用"拿来主义"的策略。但是，这些微课的理念、方法、工具、案例是否与本企业的实际情况相符，实际上是一个值得商榷的问题。这就需要培训管理者具备敏锐的洞察力，仔细甄别。另外，关于专业力和文化力赋能这些独具企业特色的内容，外部市场很少有或者根本没有。面对这种情况，我们应该怎么办呢？实际上，企业内部就存在着高手和专家。这些专业力和文化力的微课体系必须由企业自己打造、提炼、沉淀和传承。

第二个坑，炫酷主义。在制作微课时，有些人倾向于使用 flash 动画等炫酷的形式来吸引眼球。虽然这样的形式确实能够吸引观众的注意力，但是我们也发现，形式是挺炫酷，但经常没有太多的实质性内容，缺少干货。因此，我们一定要规避形式大于内容这个坑。形式是为内容服务的，永远不要本末倒置，让花哨的形式掩盖了内容的苍白。这里要特别注意，企业在制作微课时，千万不要在形式上花过多时间，而要回归培训解决实际问题、提升工作绩效的本质，精心制作有针对性、实用性的内容。

第三个坑，放养主义。这意味着什么呢？很多培训管理者提出这样的疑问：我们花了大价钱买来不少课，放在学习平台上，可是点击率却很低，这是怎么回事呢？即使是优质的课程和内容，如果没有良好的营销推广、运营管理，也无法获得应有的关注和学习效果。好课程同样需要精心的运营和管理。另外，好课程也需要建立配套的激励机制，营造良好的学习氛围，让大家愿学、爱学、学有所获。

综上，我们要规避的微课体系建设的三大坑点如图 4-7 所示。

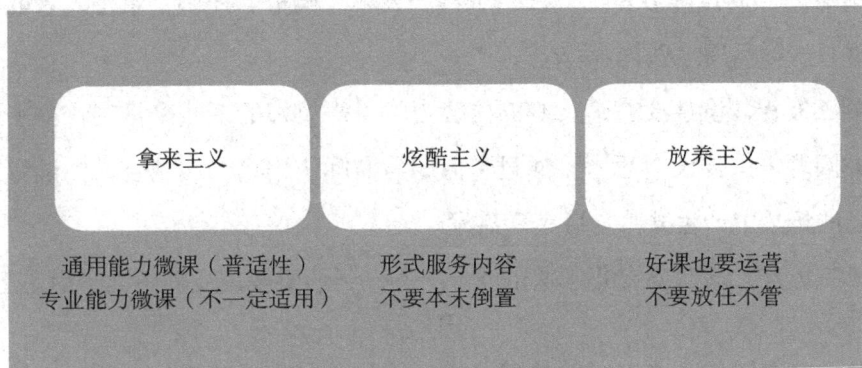

拿来主义	炫酷主义	放养主义
通用能力微课（普适性） 专业能力微课（不一定适用）	形式服务内容 不要本末倒置	好课也要运营 不要放任不管

图 4-7　微课体系建设的三大坑点

规避了三大坑点后，接下来，我们要制定三板斧解决方案：第一板斧是内容要有用，第二板斧是设计要有趣，第三板斧是运营要有心，具体如图 4-8 所示。

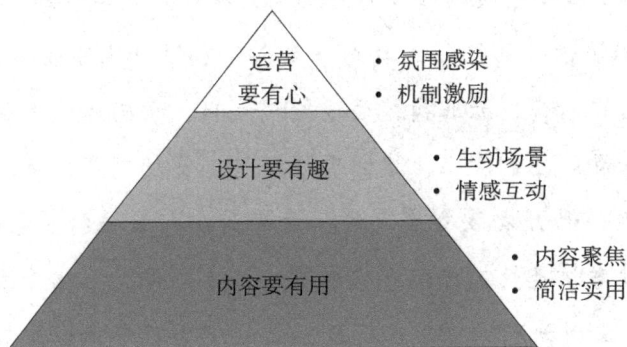

运营
要有心 • 氛围感染
• 机制激励

设计要有趣 • 生动场景
• 情感互动

内容要有用 • 内容聚焦
• 简洁实用

图 4-8　微课体系建设三板斧

第一板斧，内容要有用。让我们回归本源，无论是线上课程还是线下课程，其目的都是解决问题，提高绩效。因此，线上微课更要聚焦问题、简洁实用，并以场景化为基础，直击痛点，提供切实可行的方法和工具。

例如，我在写本书每一章内容时，好像在写微课脚本。每一章要聚焦现实问题，激发读者求知欲，并提供切实可行的新方法、新工具，如敏捷型人才培养体系四支柱模型、敏捷课程体系建设 1137 洋葱模型、6W3H 培训规划书、微课体系建设三板斧等近百个方法、工具、表单、模板、样例，希望读者能够轻松理解并实际运用这些内容。

第二板斧，设计要有趣。好的内容当然也需要好的形式来呈现。本书用了大量的问题来引导读者思考，通过将问题与实际应用场景相结合，使读者能够在生动的场景中产生共鸣、思考、启发。

第三板斧，运营要有心。这也就是上文提到的要规避放养主义，用心运营。

行远公司引进了在线移动学习平台，并结合公司关键岗位的学习地图，从外部专业机构谨慎甄选、引入了通用管理、职业素养类的系列微课。资源虽投入了不少，但公司发现员工的学习热情并不高，点击率很低。经过调研发现，员工认为微课内容还不错，但因为学不学都可以，所以缺乏紧迫性，往往因为各种原因最后就不学了。

为了从根本上改变学员的被动学习局面，从"要我学"到"我要学"，提升大家的学习积极性，刘经理和李总决定从顶层设计上下功夫。在内容上，聚焦刚需。针对技术岗、专业岗，通过微课大赛、案例库梳理等整合了上百门专业类系列微课。在制度上，建立和健全培训管理制度，将培训管理制度与任职资格制度、晋升发展制度、薪酬管理制度有效挂钩。完成线上微课、线下课程并通过考核是员工任职资格晋级的必要条件。把线上线下学习与员工转正、晋级、晋升进行强关联。通过线上线下学习考核合格后，才能获得认证，持证上岗，以提升人才质量和业务绩效。无论是专业岗还是管理岗，要想获得晋升，必须先通过线上线下学习考核合格，才具备准入条件。这样，从制度上打通了学习和工作的最后一公里，让线上学习嵌入工作流、任职资格晋级流、职业晋升流。

同时，线上学习提供配套的核心知识点测试。通过测试结果的大数据分析，公司能够锁定每个人的优势项和提升项，并精准推送合适的个性化学习内容。通过这样的数字化运营，公司利用智能化系统实现了千人千面的个性化学习。根据每个员工的个人发展计划和学习地图，系统可以主动、定期地推送与该员工工作和发展密切相关的学习内容。

此外，公司还采用了游戏化设计的方式，将打怪升级的概念与线上学习相结合，配套积分制，进行积分排名，这里的积分可兑换书籍等礼品。公司会定期展示个人学习排名榜和各部门学习排行榜，以营造学习氛围，激励更多的人加入学习。同时，公司通过管理者带头分享学习心得，展示学习徽章，物质激励、精神激励和荣誉激励相结合的多元方式激发员工的学习热情，形成长效机制，使学习成为一种习惯。

自我教练和实践 ●●●

1. 尝试用微课体系建设三板斧来规划或者复盘你所在企业的微课体系建设，是否踩坑，是否符合运营三板斧方案原则？

2. 线上微课可以取代线下课程吗？为什么？这两者如何有效结合？

打造第三支柱：如何敏捷建设内训师体系

这一节旨在实现以下两大目标。

1. 规避内训师体系建设的五大误区，以降低试错成本。

2. 能够应用内训师体系建设五步法，敏捷地设计和构建本企业的内训师体系。

为了实现这两大目标，我们将结合以下问题和场景进行思考与探讨。

1. 如何高效地打造一支内训师队伍，以体现培训部门的工作价值？

2.投入了大量资金进行内训师培训，为什么这些内训师仍然不愿意上课呢？

3.如何消除内训师的顾虑：喂饱徒弟，饿死师傅？

4.如何激发兼职内训师的积极性？

……

带着这些问题，首先让我们来了解内训师体系建设要规避的五大误区，具体如图4-9所示。

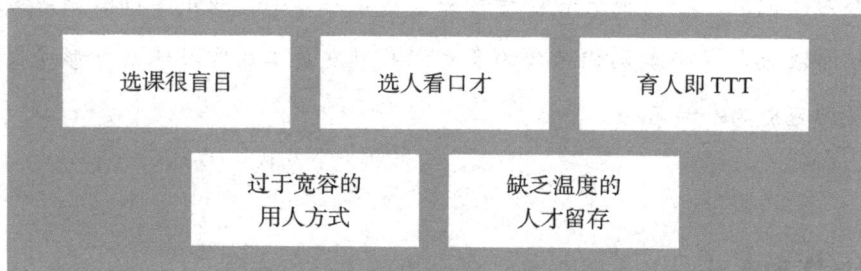

图4-9　内训师体系建设要规避的五大误区

第一个误区：选课很盲目。内训师不知道应该选什么样的课题进行开发和分享。公司指定的课题未必是内训师擅长的，内训师想开发和分享的课题也未必是企业需要的。

因此，我们建议在选课时，应优先考虑内训师擅长且企业需要的课题，特别是那些能够助力专业人才供应链打造的专业类课题。同时，我们应避免选择过于宽泛、大而无当的主题，而应选择那些具有针对性、精细化的主题。此外，我们还可以通过课程体系建设来输出学习主题，这也是一种非常好的选题方向。因为通过这种方式，我们可以确保课程内容的实用性和针对性，从而提高学习效果。

第二个误区：选人看口才。内训师需要授课，因此必须具备良好的口才。然而，这并非优先的评判标准。实际上，内训师在台上分享时，虽然表面上看依赖于口头表达能力，但真正决定其能力的核心在于他的热情、思维能力和实践经验。因此，在选择内训师时，我们首先需要考虑的是他们的意愿。他们是否愿意分享知识，并具备分享的热情。其次，他们的思维能力也是重要的考量因素。他们是否善于进行逻辑化和结构化的思考，并善于总结归纳。最后，他们的实践经验也是至关重要的。他们是不是内容专家，即主题专家。

第三个误区：育人即 TTT。在讨论内训师的培养时，人们常常会提到 3T 培训，即 Training the Trainer to Train（培训培训师的培训）。那么，这个 3T 培训的重点是什么呢？它主要关注的是授课技巧，包括如何站在讲台上展现魅力，如何运用台风、站姿、身法、步法、眼神和手势等。尽管内训师经过了大量的呈现技巧训练，但他们仍然面临着一个尴尬的境地，那就是"缺乏可以讲授的课程"。因此，将育人等同于 TTT 是一个严重的误区。正确的内训师赋能方式应该是这样的：首先，培养他们萃取经验、提炼内容、开发课程、设计课程和授课技巧的能力；其次，训练他们在表达呈现方面的技能，以便能够为他人传递更清晰、更具感染力的优质内容。

第四个误区：过于宽容的用人方式。这究竟意味着什么呢？经过精心培养的内训师已经开发了课程并具备了授课能力，但我们却发现他们每年只讲授一次课程，这无疑是对资源的极大浪费。深入分析其原因，很可能是因为该课程本身并非刚需，即每年并没有那么多学员需要参加学习。因此，在最初的规划和课题选择阶段，我们必须进行详尽的市场分析和需求预测，以确定该课题是否具有市场潜力，即是否有大量员工必须参与学习。当一个课题有刚需市场时，我们每年至少安排四次课程，确保每个季度都有授课。

第五个误区：缺乏温度的人才留存。许多培训管理者反映，他们的内训师的积极性不高，不愿意授课。出现这种情况的原因是什么呢？我们发现，这主要是因为他们所采取的激励方式比较单一。我们是否只能通过提供授课津贴来留住人才？实际上，除了授课津贴之外，还有许多其他方式可以激发内训师的积极性。从成功的内训师项目中，我们发现很多企业会通过圈层式、专属化、仪式化的方式运作，它们更注重激发内训师的内在价值感、认同感、成就感和荣誉感，从而达到更好的激励效果。例如，我们可以举办内训师俱乐部的优质圈层分享活动，为内训师提供专属的创意活动，组织寓教于乐的游学参观活动，以及为内训师设立专属的教师节荣誉活动等。此外，我们还可以请董事长亲自为内训师颁发聘书，以此来增强他们的荣誉感。这些无形财富的价值和吸引力，可能远远超过授课津贴本身。因此，在人才留存方面，我们需要考虑更有温度、更有吸引力、更走心的激励机制。除了实实在在的授课津贴之外，我们还需要设计更多能够创造荣誉感、价值感、认同感、成长感、成就感、身份感和归属感的激励方式。

规避了内训师体系建设的五大误区后，接下来我们来探讨内训师体系建设的三大成功要素：课程体系、运营管理、师资队伍，具体如图 4-10 所示。内训师体系建设的核心价值和主要目的是传承企业的核心经验，以支撑业务的持续发展。为了确保内训师体系建设的方向正确，我们需要依托关键岗位的课程体系建设。这样的课程体系能够确保内训师的培养和发展与企业的业务需求紧密结合，从而提高内训师体系建设的价值。选拔德才兼备、具有高度意愿和能力的兼职师资队伍是内训师体系建设的关键。只有选对了人，才能确保内训师体系建设工作能够顺利进行，从而为企业创造更大的价值。由于内训师的兼职属性，内训师体系建设本身就具有一定的难度。因此，专业化的运营管理成为内训师体系建设的核心。我们需要将内训师的选拔、培养、使用和留任进行闭环管理，以激活和盘活内训师队伍，提高其整体素质和工作效能。

图 4-10　内训师体系建设的三大成功要素

在明确了内训师体系建设的三大成功要素之后，接下来我们将详细介绍内训师体系建设五步法：高管借力、圈定课题、甄选师资、赋能输出和持续优化，具体如图 4-11 所示。在这五步中，每一步都有三个关键的管理动作需要我们精心操作和把控。

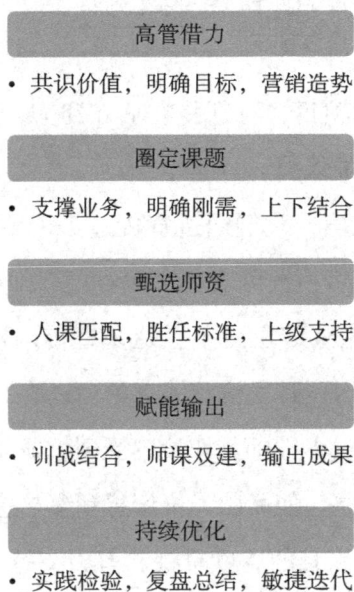

高管借力

• 共识价值，明确目标，营销造势

圈定课题

• 支撑业务，明确刚需，上下结合

甄选师资

• 人课匹配，胜任标准，上级支持

赋能输出

• 训战结合，师课双建，输出成果

持续优化

• 实践检验，复盘总结，敏捷迭代

图 4-11　内训师体系建设五步法

第一步高管借力。内训师项目是一把手工程，其成功与否很大程度上取决于高管的支持和参与。在项目初期阶段，我们需要明确并达成共识：内训师项目对企业的价值是什么？高管关注的重点是什么？高管关注的是企业是否有合适的人才，以及这些人才是否能够胜任工作。内训师在企业发展中扮演着重要角色。他们可以帮助企业高效地输出成果，开发出优质的课程，并培养出优秀的人才。通过师课共建、赋能业务、赋能组织、赋能人才，内训师项目可以为企业带来多重价值。首先，内训师项目可以萃取最佳实践，沉淀组织智慧，传承知识财富，增值知识资产。通过带领大家学习和借鉴最佳实践与成功的方法论，内训师可以赋能业务，从而促进绩效的改进。其次，内训师项目可以通过教学相长的方式，不断提升内训师团队的专业力和领导力。这将有助于提高培训质量和效果，进一步推动企业发展。此外，内训师项目还可以赋能组织和人才，助力专业人才梯队和管理人才梯队的建设。通过培养和发展内部人才，企业可以更好地应对市场变化和竞争挑战。最后，通过内训师项目，企业可以提升绩优骨干和中高层管理者的使命感、荣誉感、认同感和归属感，从而保留优秀人才。

为了成功实施内训师项目，特别是在从 0 到 1、从无到有的阶段，培训管理者需要具备营销和宣传的能力。

例如，在项目初期阶段，我们通过宣传造势来帮助内训师打造个人品牌，提升他们的荣誉感和价值感；也可以适度地对内训师进行包装，如拍摄形象照和制作 VCR 等，并借助企业线上线下渠道来宣传内训师团队，展示他们的专业形象。此外，我们还可以设计充满仪式感的启动会和结项会，邀请高管参与、讲话，并亲自颁发聘书，让内训师真切地感受到企业高管对他们的重视和支持，从而激发他们内在的荣誉感、使命感、价值感和参与感。

第二步圈定课题。在高管的高度重视和有力支持下，接下来要做的是确定企业需要且内训师擅长的刚需课题。为了精准确定课题，有两种方法可供选择：第一种是通过梳理关键岗位的课程体系，从中选取内部开发的刚需课题；第二种是在无法梳理课程体系的情况下，采取以人定课、以需定课，以问题定课题，上下结合的实操方法，采用这种方法需要注意以下三个要点。

第一个要点，以人定课、以需定课。要明确内训师最重要的角色是优质内容的输出者、最佳实践经验的萃取者和分享者。由于内训师是企业的绩优骨干和管理精英，他们分享的课题必须能够支撑业务发展。因此，一定要优先选择与企业特色相关的专业类课题。课程体系涵盖了专业力、领导力和文化力，内训师分享的课题应特别聚焦于专业力打造和专业人才梯队赋能。因为这些专业内容具有独特的稀缺性，在市场上很难找到相应的资源。而领导力类的课题不一定是重点，因为市场上已有很多成熟的资源，为什么要费时费力地重新开发呢？他山之石，可以攻玉，要学会有智慧、有鉴别地整合资源。

第二个要点，以问题定课题。课题就是问题，课题要能够解决现实及未来的绩效问题。这个课题必须有明确的刚需市场。明确的刚需市场意味着企业内部有大量的员工需要学习。一旦这门课程开发出来，就可以立即安排培训日程，快速分享成功经验，助力绩效改进。

第三个要点，上下结合。通过自上而下的公司推荐和自下而上的报名自荐的方式，选择企业最需要的优质课题。有了优质课题后，就可以进行人课匹配。课题就是问题，就是刚需，谁是问题解决专家，谁就是内容专家，所谓能者为师，要做到人课精准匹配。

第三步甄选师资。在前文提到的内训师体系建设的五大坑点中，我们强调了选拔内训师时不仅要关注其口才，更要重视其意愿、专业能力、逻辑思维、学习能力和表达能力。人都是好为人师的，只要企业高管给予足够的重视和大力支持，绝大多数内训师都愿意分享自己的知识和经验。同时，上级的支持也是至关重要的。当内训师的上级愿意推荐并给予有力支持时，这不仅有助于选拔到合适的内训师来开发和分享相关课题，还能极大地调动内训师的积极性。这种支持为内训师参与课程开发和授课分享提供了有力的保障。

第四步赋能输出。在甄选好内训师之后，要对其进行赋能，以实现出课和出人的双输出目标。我在操盘上百个内训师项目中，致力于输出真正能够推动绩效改进的优质课程，并培养能够上台清晰分享实用干货的内训师。通过训战结合的赋能方式，我带领内训师高效地输出成果：采用70%的干中学方式，即边学习、边实践、边输出课程和内训师队伍。此外，我还提供20%的教练辅导，引领内训师相互切磋、相互反馈。同时，我也会提供10%简洁实用的方法论和工具，助力企业兼职内训师听得懂，学得会，用得上。

第五步持续优化。这些优质课程是否能够解决企业的实际业务问题，必须通过实践来检验。因此，企业务必为内训师创造分享的机会，让他们授课实践、课后进行自我复盘，并接受学员的反馈。作为培训管理者，我们将充当内部教练的角色，帮助内训师进行反思、持续打磨、敏捷迭代、持续优化和不断精进。这样可以使课程内容更加符合业务实际，以解决问题、提升绩效。

同时，在持续优化阶段，我们将通过项目制运作、专业化运营、市场化导向和联盟化思维，建立和健全内训师团队的管理制度，特别是激励机制。结合马斯洛需求层次模型和多年的实战经验，我总结出以下内训师激励方法，供大家参考，如表 4-5 所示。

表 4-5　内训师激励方法

内训师的需求	激励方法
物质获得感	授课津贴、开发课程津贴、培训物品支持（激光笔、移动硬盘、U 盘等）、学习书籍 / 资料支持（相应额度费用报销）
职业安全感、成长感	上级领导支持和认可、节假日福利（增加假期、旅游机会）、优先培训机会、外部标杆企业交流、版权课程学习内化、职级晋升、导师辅导
归属感	内训师俱乐部、跨界交流会、专业交流会、读书交流会、年度赋能活动
荣誉感	优秀培训团队奖（部门经理带头分享，内训师课程使用，部门绩效达成）、董事长 /CEO 亲自颁发聘书、跨公司交叉授课、金牌内训师评优、内训师风采宣传展示、内训师专属荣誉（徽章、头衔）、以内训师为主题的纪念品（台历、鼠标垫等）、荣誉晚宴、年会颁奖、内训师专属福利
价值感	优先晋升权、内训师大赛、董事长 /CEO 面对面、年会视频、节日祝福视频

行远公司内训师项目的起因源于公司销售业绩的翻番目标及未来三年的上市计划。目前各区域间的销售业绩存在较大差异，每个区域的销售代表的销售业绩也参差不齐。10% 左右的销售代表能够超额完成销售指标，70% 左右的销售代表能够基本完成销售指标，但近 20% 的销售代表无法完成销售指标。这就是摆在行远公司面前的绩效差距和业务痛点。为了解决这一问题，行远公司决定启动内训师项目。该项目的目标是助力缩小绩效差距，提升整体绩效水平，促进销售目标的达成。具体而言，行业公司将从 70% 业绩中等的销售代表中再培养出 5% ~ 10% 能够超标的销售高手，其余 60% ~ 65% 业绩中等的销售代表的业绩提升 5% ~ 10%，为 20% 无法达标的销售代表提供支持直至达标。

对此，刘经理先尝试分析出现差距的原因。他通过访谈、观察等方法发现，高绩效销售代表有一套行之有效的销售策略，而低绩效销售代表则在不断试错，却一直不得要领，缺少行之有效的策略和方法。同时，刘经理还发现有些销售代表的积极性不高。这些销售代表认为，即使业绩不达标，最多也就没有提成。而这些销售代表大多家境优渥，物质条件都很好，所以他们并不在乎这些提成。因此，根据扬长避短、查漏补缺的原则，行远公司需要补充有效的方法来弥补销售能力的不足；同时，也需要激发部分销售代表的积极性。

针对公司内部知识管理和分享机制严重不足的问题，行远公司迫切需要建立内训师机制、导师制和师带徒机制。通过系统梳理高绩效销售代表的销售方法、流程及典型成功案例和失败案例，萃取最佳实践经验，归纳总结出一套可视化、可复制、可传承的赋能工具箱。同时，公司为愿意分享、勇于担当的内训师、导师和师傅提供了相应的配套激励机制，如优先晋升机会、更多发展机会、荣誉称号、更多的学习成长机会。对于高绩效销售代表担任导师或师傅的情况，公司可以采取导师和徒弟的利益捆绑制度。在一定时期内，导师辅导徒弟成交后，导师也将获得相应的物质激励。对于高绩效销售代表担任内训师的情况，公司可以提供津贴和跨区域轮岗锻炼的机会，并优先考虑提拔和晋升等激励政策。针对积极性不高、对业绩不在乎的销售代表，急需完善奖惩机制，确保赏罚分明、能上能下、能多能少、能进能出。例如，若业绩连续两个月不达标，将进行辞退处理。此外，为了治标更要治本，救火更要防火，行远公司需要从人才招募源头上把好人才质量关，避免工作意愿低、内驱力弱、不具备销售胜任特质的人员加入。

自我教练和实践 ··

1. 运用内训师体系建设的五步法来规划或优化你所在企业的内训师体系，推动你所在企业的内训师体系建设工作更加敏捷。

2. 为了激发内训师的积极性，除了授课津贴，还有哪些更好的办法呢？你所在的企业有哪些激励办法，效果如何？

打造第四支柱：如何敏捷建设经营体系（上）——敏捷年度培训规划的三轮驱动

确保经营体系落地的关键在于敏捷推进年度培训规划。关于年度培训规划，培训管理者常常面临以下困惑。

1. 企业高管对培训工作不太重视，一线员工参加培训也不积极，该如何解决？

2. 如何使培训不再成为可有可无的装饰品，而成为不可或缺的必需品？

3. 企业规模庞大，人数众多，部门繁多，预算有限，年度培训规划工作是应该覆盖所有部门，采取平均主义的方式，还是应该有所侧重，因地制宜，分清轻重缓急？

4. 如何从高层管理者、中层管理者、基层人员不同角度进行培训需求分析，使年度培训规划能够上承战略、中促绩效、下推胜任？

5. 年度培训规划应该如何制定？整体工作思路是什么？

6. 如何高效推动年度培训需求分析和规划制定？具体的方法、思路和工作是什么？

7. 在做好需求调研分析的基础上，如何分清轻重缓急，编制年度培训规划，并高效执行落地？

8. 年度培训规划执行后，如何证明培训效果？如何让企业认为投入的资金物有所值？

……

为了解答以上问题，我们必须明确以下五方面的内容。

1. 做好年度培训规划必知的三件事。

2. 年度培训规划的整体逻辑和全局思维。

3. 在制定年度培训规划时，要有清晰的思路，同时厘清培训需求和培训规划之间的区别与联系。

4. 如何有效制定年度培训规划，提供一套思路、模型、方法和工具，尤其是年度培训规划的三轮驱动模型。

5. 提供一套用于制定年度培训规划的工具表单。

做好年度培训规划必知的三件事

每到年底，行远公司的刘经理都感到十分苦恼。因为一年一度的培训规划工作又要开始了。培训调研需要覆盖十几个部门，而培训中心只有他一个人，并且还有其他很多事务性工作要处理，实在是分身乏术啊！此外，进行年度培训规划时，培训预算还无法确定。根据近几年的经济形势及以往的经验，培训预算很可能被削减，而有限的预算如何支撑公司上千人的培训，真是令人头疼啊！

更让刘经理尴尬的是，终于完成了年度培训规划，但在实施落地时，一些重要的项目想请高管过来支持，却遭到拒绝。高管说："抱歉，我还有其他事情要处理，下次再说吧。"刘经理心想：高管还是不够重视……另外，让刘经理感到非常郁闷的是被部门吐槽。辛辛苦苦组织完了培训，却听到部门经理抱怨道："这次培训好像没什么效果啊，上完课还是老样子，以后干脆别做了，有这时间还不如多做点业务呢。"刘经理还发现，在培训中，基层员工对参加培训一点都不积极。尽管发了培训通知，但他们能不来就不来，甚至不请假，还有各种迟到早退的情况……

除了上面案例中的尴尬难题，培训部门常常面临着三大难题：人员不足、资金短缺及权力受限。在这种情况下，作为培训管理者，我们应该如何应对呢？

为了应对上述难题、敏捷地制定年度培训规划，刘经理需要明确以下三个关键事项。

首先，明确定位。为了使培训部门得到高层管理者的重视、中层管理者的认可和基层员工的支持，培训部门和培训管理者不能把自己仅仅定位成服务部门和服务员，还需要定位成创造价值的部门和业务伙伴。那么，培训部门和培训管理者应该创造出怎样的价值呢？后面的章节我们会详细阐述。

其次，搭建体系。要想敏捷地制定年度培训规划，培训管理者不能仅仅依赖于碎片化、订单式的培训方式，即业务部门要求什么就提供什么。相反，培训管理者需要进行全面的思考和整体的规划，以敏捷地打造培训体系的四个支柱。

最后，提升实力。要想敏捷地制定年度培训规划，培训管理者需要具备综合能力，如专业能力、跨界领导力、业务洞察力、高情商沟通力、咨询诊断力、项目管理能力和敏捷学习能力等。

接下来，让我们一起来了解和回顾培训管理者的三大价值、培训体系的四大支柱、培训管理者的核心胜任力究竟是什么？

要想让高管重视，培训管理者必须学会换位思考。想一想培训部门和培训管理者存在的价值是什么？仅仅是像刘经理那样提供简单的服务吗？显然不是。高管更关注什么呢？董事长、创始人、CEO等核心高管关注的是企业的长期发展和持续盈利，以及可持续的高质量发展。他们深知企业发展取决于人才。因此，如何为企业打造高质量的人才队伍，源源不断地为企业输送人才，这是高管非常重视的事情。那么，如何从高管的视角来思考人才培养和培训发展呢？关于人才，高管关注三件事：是否有合适的人才、这些人才是否胜任工作，以及人才结构是否合理。换句话说，他们关心企业发展所需的人才数量、质量和结构。培训部门和培训管理者如何为企业打造高质量的人才供应链，以支撑企业的持续发展呢？从高管的视角来看，培训部门和培训管理者的三大价值如图4-12所示。

打造专业人才 供应链	打造管理人才 供应链	沉淀和传承 企业文化
专业技术岗位 任职资格晋级	管理职能岗位 胜任能力进阶	企业文化核心理念的 复制和传播

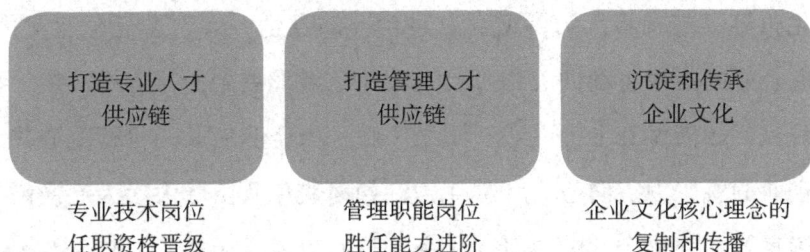

图 4-12　培训部门和培训管理者的三大价值

首先，培训部门和培训管理者的首要任务是为企业打造专业人才供应链，以提升专业人才供给的健康度。以行远公司为例，专业人才供应链涵盖了哪些关键岗位呢？我们可以想到的是研发岗、技术岗、生产岗和销售岗。这些岗位的特点是招聘难度大、培养周期长、人才保留困难、人才易流失。因此，企业必须注重外部招聘和内部培养。通过外部招聘，企业可以从外部引入新鲜血液；而通过内部培养，企业可以激发内部潜力，实现人才的自给自足。只有这样，企业才能打造一个外部与内部双循环的人才活水机制。为了更好地支撑企业的业务发展，培训管理者需要根据企业的实际需求，量身定制并打造专业人才供应链，同时培养一支专业的人才队伍。

其次，培训部门和培训管理者的第二大任务是为企业打造管理人才供应链。为了实现行远公司的战略目标并保持持续的高质量发展，公司必须拥有一支强大的管理团队来保证管理链条的连续性和有效性。无论是一线班组长，还是生产部、研发部、技术部、销售部等各部门领导，这些管理人才供应链必须持续供应确保人才充足，避免出现人才短缺的情况，从而保障企业的发展。在快速发展的过程中，各层级管理者的能力能否与时俱进、始终跟上企业发展的节奏，并适应甚至引领激烈竞争的市场，对于企业的生存和发展至关重要。因此，培训部门必须持续为管理者提供培训，结合外部市场和企业发展的动态需求，为企业打造高质量的管理人才供应链。

最后，除了专业人才供应链和管理人才供应链外，还需要企业文化核心理念的复制和传播，即沉淀和传承企业文化。随着企业的快速发展和规模的扩大，企业文化很容易被稀释。为了避免这种情况的发生，必须进行企业文化建设，不断打造企业的凝聚力和向心力。行远公司已经发展到上千人的规模，面临的一个难题是：如何做到上下一心、团结一致，为企业的共同目标凝心聚力？如何保持企业的凝聚力、向心力和战斗力？如何避免队伍壮大后人心涣散？这就需要持续宣导和强化企业的愿景、使命和核心价值观，使其内化于心，外化于行，即企业文化不仅仅是贴在墙上的口号，更应真正融入每个员工的心中，确保员工都能清晰地理解并发自内心地认同企业的愿景、使命和核心价值观。大家有了共同的方向和目标，才能齐心协力，在日常工作中践行企业的核心价值观。企业文化建设看似务虚，实际上却是我们必须扎扎实实、持续推动和落地的关键要务。

在年度培训规划工作中，要想方设法创造和体现以上三大价值，使年度培训规划的战略高度得到彰显，使年度培训规划的方向能够承接企业高质量人才供应链打造的核心诉求，支撑企业的可持续、高质量发展，从而得到企业高管的重视和认可。

培训部门和培训管理者只有紧密围绕创造三大价值制定年度培训规划，才能有效地支持企业的高质量、可持续发展。为了有效实现这三大价值，培训部门和培训管理者不能盲目地满足业务部门的各种培训需求。例如，今天业务部门需要执行力培训，就进行执行力培训；明天销售部门需要销售力培训，就进行销售力培训；后天生产部门需要精益培训就进行精益培训等。面对如此五花八门的培训需求，如何做到培训的体系化、系统化？培训管理者如何保持头脑清醒和战略定力，化被动为主动？如何化繁为简，拨云见日，敏捷地进行培训规划？为了有效支撑这三大价值的实现，培训部门和培训管理者应逐步打造敏捷型人才培养体系的四支柱模型。人才培养体系的四支柱模型已在第三章做过详细介绍，在此不再赘述。

为了有效地制定年度培训规划，我们需要关注以下三个关键要素：明确培训部门和培训管理者的三大价值；为了实现这三大价值，必须打造一个敏捷型人才培养体系四支柱模型；为了打造四支柱模型，实现培训部门和培训管理者的价值，还需要厘清新时代培训管理者的角色定位和胜任力模型。

培训管理者不应将自己的角色定位为服务员，而应定位为企业人才供应链的构建者和推动者。他们需要具备强大的自我赋能能力，以提升自身的专业素养和技能水平。优秀的培训管理者不仅能够与高层管理人员进行有效的沟通，而且能够与关键部门的中层管理者进行有效沟通。因此，他们需要具备出色的沟通、协调、绩效诊断和跨界领导能力。此外，培训管理者还需要具备项目管理能力，以打造和管理专业人才供应链相关的关键人才发展项目。在知识和技术迅猛迭代的时代背景下，培训管理者还需要具备敏捷学习的能力。只有不断提升个人综合能力，培训管理者才能真正影响他人，为企业的发展做出积极贡献。

在赋能他人的过程中，培训管理者需要具备多元化的学习技术。这些技术包括线上线下混合式学习技术、微行动学习技术、教学设计技术、引导技术和教练技术等。然而，选择学习技术并不是简单地追求流行，而是要根据企业自身的实际情况进行选择。这就要求培训管理者具备高度的专业诊断和咨询能力。同时，培训管理者还需要在海量信息中帮助企业做好知识管理、经验萃取和知识沉淀。这对培训管理者提出了很高的专业能力要求。他们需要具备筛选和整理信息的能力，以便将有价值的知识传递给目标人群。在打造专业人才供应链和管理人才供应链的过程中，如何不断提升目标人群的专业能力和领导力也是一个重要问题。敏捷课程开发技术、教学设计技术和教练辅导技术在这个过程中显得尤为重要。

只有在赋能自我和他人的基础上，才能实现对组织的赋能。在组织发展领域，我们需要深入了解组织文化，熟悉绩效改进技术，并对企业所处的市场环境、商业模式及外部客户的核心需求具备较强的洞察力和敏感度。在大数据时代背景下，我们可以通过数字化工具和平台的大数据积累与分析，为业务部门提供决策支持。

如何应对高层管理者对培训工作的不重视、中层管理者对培训工作的不认可及基层员工参训的不积极态度呢？培训部门和培训管理者需要为企业持续打造人才供应链、建设高质量的人才梯队并复制和传承企业文化核心理念。只有当培训部门和培训管理者具备足够的能力来承担这些任务时，他们才能支撑企业的可持续、高质量发展。只有这样，企业的高层管理者和中层管理者才能真正重视培训工作。

为了让培训真正产生高价值，成为必需品而非可有可无的装饰品，培训管理者必须具备扎实的基本功，与时俱进并敏捷地构建人才培养体系。敏捷型人才培养体系建设不应是碎片化或订单式的，而应是系统化和定制式的。培训管理者不应将自己定位成服务员或传声筒，而应敏捷地把握并精准聚焦企业的发展战略及培养体系中需要查漏补缺的关键要务，找准切入点，以四两拨千斤的方式助力人才供应链的打造。人才培养体系的缺失或早或晚会严重阻碍企业的发展，如果四支柱中的任何一根缺失，企业大厦都无法盖得高、立得稳。敏捷型人才培养体系的核心动能在于经营体系的高效运转，两大资源抓手则是课程体系和师资体系的有效配置。此外，一个综合武装也就是支持体系：人、财、物、制度的有力支撑，这一切都有赖于一支专业的培训管理者队伍进行精细化运作。只有当学习发展、人才赋能能够承接企业的发展战略，并与各部门各层级管理者的绩效紧密相关，与每位员工个人的绩效改进、职业发展、能力提升挂钩时，培训才会从装饰品变成必需品。

考虑到企业的规模较大，但培训预算相对较少，同时培训部门的人员也较少，而需要支持的业务部门却很多，培训管理者面临着一个问题：年度培训规划工作是应该全面覆盖还是有所侧重？结合本节的内容，我们可以得出答案：年度培训规划工作并不是一下子全面铺开，而是应该根据企业的实际情况，结合三大价值和敏捷型人才培养体系的四支柱模型，聚焦制约企业发展的软肋和加速企业发展的引擎。培训管理者需要进行查漏补缺，即针对不足之处进行补充和完善。例如，在打造专业人才供应链这一过程中，尽管行远公司的研发和技术岗位目前整体业绩较好，但经过人才盘点后发现，未来 1 ~ 3 年的人才供应在数量和质量上都存在较大的缺口。因此，行远公司的核心策略是在充分利用和留住现有技术人才的同时，通过技术人才梯队建设项目来持续打造技术人才梯队，从而稳定推进并持续完善技术人才供应链的建设。与此同时，经过人才盘点，行远公司发现，技术部、生产部、销售部等关键部门的中高层管理队伍都出现了青黄不接、人才断层的情况。因此，行远公司需要提前规划人才内生战略，并在企业内部选拔和培养储备干部，将有限的时间和资源优先投入打造管理人才供应链的建设中。

自我教练和实践 ···

　　1. 结合培训部门和培训管理者的三大价值，盘点你所在企业培训部门和培训管理者的三大价值哪些做得好，哪些需要完善？

　　2. 结合敏捷型人才培养体系的四支柱模型，盘点你所在企业的人才培养体系，哪些已有，哪些缺失，哪些需要建立，哪些需要完善？

　　3. 结合培训管理者的角色认知和胜任力模型，如果你是培训管理者，请评估自己的优势项和发展项分别是什么？

年度培训规划的整体逻辑和全局思维

明确了敏捷年度培训规划必知的三件事之后，我们要思考以下问题。

1. 培训需求分析和规划制定之间的内在逻辑是什么？

2. 如何有条理地进行需求分析和规划制定？

3. 如何区分真需求和伪需求？

4. 年度培训规划的整体逻辑链和全局思维是什么？

为了有效地制定年度培训规划，我们需要先了解年度培训需求和培训规划之间的区别。那么，这两者究竟有何不同呢？

在制定年度规划的过程中，刘经理经常面临一些挑战。例如，销售部门的周总曾向刘经理反映："刘经理，去年我们的销售业绩刚刚达标，做得非常吃力。今年我们的KPI又有所提高，这也给我们带来了很大的压力。请你务必为我们的销售代表提供更多的销售培训，使他们掌握更多的销售技巧，以更好地完成销售指标。"紧接着，生产部门的孙总也找到刘经理："刘经理，今年生产部门的KPI提高了，员工感到压力巨大，士气低落，怨声载道。他们认为公司设定的目标过高，甚至认为这是变相扣工资。请你在第一季度业务淡季为我们组织一次团队建设活动，以提高整个团队的士气。"此外，技术部门的核心工程师与刘经理关系较好，他也向刘经理反映："刘经理，今年的目标定得太高了，我们都非常焦虑。请你为我们安排一些关于压力管理和心理疏导的课程，我们需要好好地缓解一下压力。"

你是否曾经遇到过类似的情况呢？假设你是刘经理，在培训预算和人力资源有限的情况下，同时又面对着各式各样的培训需求，你会如何应对呢？这时，我们需要明确培训需求和培训规划的区别。这两者存在着三大显著差异，具体如表4-6所示。

表4-6 培训需求和培训规划的区别

区别	培训需求	培训规划
角度不同	受众视角	全局视角
特点不同	模糊、感性	目标导向
重点不同	倾听、诊断	排序、选择

第一，角度不同。在培训需求方面，培训管理者应站在组织、团队和个人的角度进行通盘考虑，学会换位思考。然而，在制定培训规划时，我们需要具备全局视角和组织视角，不能仅仅满足个别部门或个人的需求。例如，如果销售总监要求进行销售培训，生产部门经理要求进行团建活动，研发技术部门员

工要求进行压力管理培训，我们是否应该全部满足这些需求呢？答案是很难。因为资源是有限的。当培训预算不足时，我们应该如何进行轻重缓急排序和决策呢？培训管理者必须站在全局视角通盘审视，确保优先处理重要事项。此外，业务部门提出的需求有时可能是"伪需求"，而不是真正的需求。如果我们不加分析诊断，只是一味地接单式满足需求，往往会导致费力不讨好、事倍功半的效果。即使花费了资金，但效果却受到质疑。因此，培训管理者必须透过现象看本质，挖掘真正的需求。

第二，特点不同。销售业绩表现不佳，需要进一步提升销售技巧。生产部门士气低落，需要进行团队建设活动。对方所提出的需求是模糊、泛泛而谈的，还是明确、具体、理性的？答案显而易见。在很多情况下，对方提出的需求往往是模糊、笼统、感性的，即所谓的"伪需求"。即使进行了相应的培训，也往往是治标不治本。严谨的培训规划和培训目标不是简单地提高销售技巧、提升业绩，或者提升团队士气、减轻压力。这些规划和目标都不符合 SMART 原则。培训规划必须以结果为导向，能够产生实际成果。培训规划应该像业务经营计划一样，设定明确具体的、可衡量的、可达成的、与战略和业绩密切相关的、有时限的目标。要想通过培训来支撑组织战略和业务绩效，必须制定符合 SMART 原则的培训目标，这样的培训规划才能真正落地并彰显其价值。

第三，重点不同。培训需求的重点在于倾听和诊断。结合刘经理的案例，做需求调研的时候首先要学会倾听。培训管理者作为内部顾问，要学会聆听内部客户诉求，以了解对方的痛点、痒点、卡点、难点，并且能换位思考，制定出更优的年度培训规划。同时，培训管理者在倾听内部客户诉求的基础上，还要做内部客户的参谋和顾问，与其一起系统思考、深入诊断，透过"伪需求"，挖掘"真需求"。销售业绩不好，真的是因为销售能力不足吗？销售能力是导致业绩好坏的根本原因吗？还有其他原因吗？有没有可能是激励机制不给力、不够有效？有没有可能是销售流程太烦琐、决策周期太长，不能快速响应市场需求？或者是销售策略的问题等。因此，我们不能轻易下结论，对方说缺什么就是什么。培训管理者作为人力资源业务合作伙伴（HRBP），必须懂业务、懂市场、懂客户、会诊断，和内部客户共同分析问题和解决问题。在进行需求调研时，要做到全面倾听、系统思考、精准诊断，只有这样才能敏捷做好年度培训规划。培训规划的重点在于排序和选择。因为培训预算、时间、精力等资源有限，我们需要根据企业战略规划，做好培训规划优先级的排序，选出最重要、最能支撑企业业务发展的培训需求，将需求转化成 SMART 的培训目标，从全局视角出发做出正确的年度培训规划的决策。管理就是做好资源分配，管理就是做对的决策。

明确了培训需求和培训规划的三大区别，我们还要进一步弄清楚培训需求和培训规划的联系，具体如图 4-13 所示。

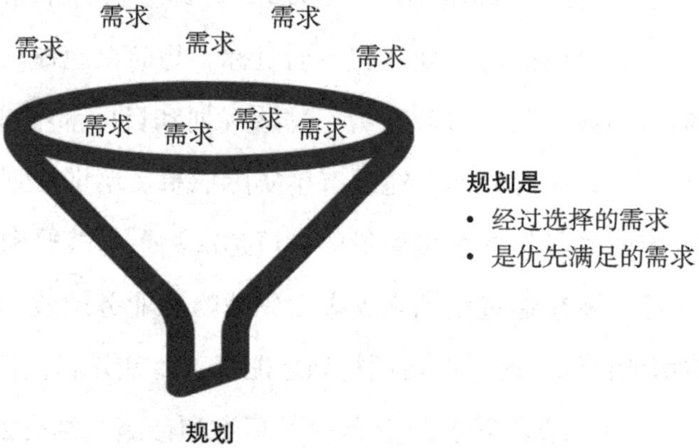

图 4-13　培训需求和培训规划的联系

在预算、人力、物力和精力有限的情况下，刘经理需要做出选择和决策，即优先满足哪些需求。然而，这并非刘经理一个人可以独自决策的事情。通常情况下，最终的决策需要核心高管团队达成共识。一般来说，培训管理者会牵头组织协调，提出专业的合理化建议，明确做什么、不做什么，选择 A 还是选择 B，以及依据和理由是什么；核心管理团队会进行民主集中研讨和决策。

以行远公司为例，其业务发展的核心任务是提升业绩。然而，近年来，市场竞争日益激烈，业绩翻番的目标面临着巨大的挑战。在这种情况下，人才战略的侧重点及更多的人力、物力和财力都需要向销售部倾斜。在考虑销售部、生产部和技术部提出的需求时，公司需要根据业务发展战略重点和战略布局来确定需求的优先级排序。有可能销售部的需求会排在第一位，即优先满足销售部的培训需求。然而，公司还需要进一步思考一些问题。首先，销售部周总提出的销售业绩不佳是否真的是因为销售代表的销售能力不足？这个假设是否成立？其次，通过培训是否真的能够解决销售业绩的问题？最后，还需要与业务部就相关要求进行进一步的分析。

明确了年度培训需求分析与规划制定的三大区别和联系后，接下来我们将对年度培训规划的整体思路和逻辑进行梳理。在此过程中，我们将重点介绍年度培训规划的 APIE 循环圈，具体如图 4-14 所示。

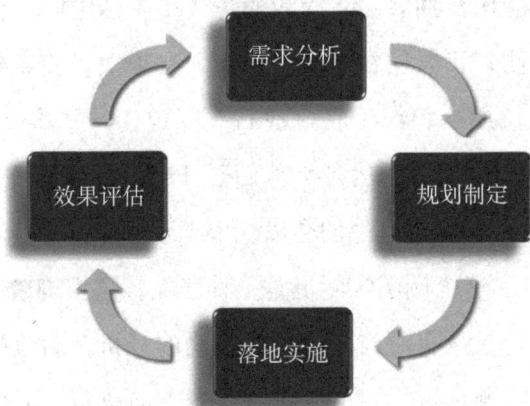

图 4-14　年度培训规划的 APIE 循环圈

年度培训规划是一项系统工程，包含需求分析、规划制定、落地实施和效果评估四项关键管理工作。年度培训规划的 APIE 循环圈是一个闭环，起始点是需求分析。只有通过精准的需求分析，才能顺利进行后续的管理。需求分析的目的是判断绩效差距的根本原因，并确定是否可以通过培训来解决绩效问题。

如果分析结果显示培训是有效的解决方案，那么应将其整合到年度培训规划中。这样可以使培训规划聚焦于关键业务需求，并通过培训手段来干预，最终实现支撑战略和促进绩效的目标。只有制定正确且完善的年度培训规划，才能更好地整合资源，落地实施，并取得成果。这将赢得高层管理者、中层管理者和基层人员的重视、支持和参与。然而，困扰培训管理者的一个难题是最后一环——效果评估。效果评估必须事先设定目标，而不是事后证明价值。它需要承接经过需求分析输出的培训规划和"SMART"工作目标，用目标来牵引，用成果来检验最终实施的效果是否达到了最初设定的目标。同时，我们还需要进一步复盘和验证最初的需求分析是否准确，从而形成闭环并进行优化迭代。这四个管理动作相互关联，缺一不可。任何一个环节出现问题都会影响整体年度培训规划的工作质量和效果。这与著名质量管理专家戴明提出的 PDCA 循环的核心理念高度一致。

上面的论述可能比较抽象，下面我通过一个生活中的实例来做进一步的解释。在我年幼的时候，我居住在一所平房中。有一次，我看到邻居家正在建造新房。我发现工人们用一根绳子将一块石头固定住，并将这根绳子悬挂起来。出于好奇，我问父亲："爸爸，为什么他们要挂起这根绑着石头的绳子呢？"父亲笑着回答："当工人砌墙时，他们会以这根绳子为基准进行对齐，这样能保证砌出的墙的垂直度。"这个例子实际上是一种隐喻。这根绑着石头的绳子可以类比为我们的需求分析。只有对需求进行了准确的分析，后续的规划制定、落地实施和效果评估才能顺利进行。就像第一步的方向决定了后面的方向一样，如果我们在需求分析阶段出现错误，那么后续的步骤也将不可避免地出错。因此，确保需求分析的准确性是至关重要的。

在回顾刘经理的案例时，我们是否还记得销售部周总提出的需求，即销售业绩不佳，迫切需要进行销售技巧培训以提升销售业绩。如果刘经理没有从多个角度对问题进行系统分析，没有全面地进行绩效诊断，那么这里就隐藏着巨大的风险。例如，如果销售部的激励机制存在缺陷，提成点与同行业相比处于较低水平，那么销售代表的积极性将会如何？显然不会太高。又或者，干多干少、干好干坏的提成差距非常小，仅相差 100～200 元，如此微小的差距，大家的积极性自然不会高涨。即便再进行培训，如果激励机制不进行调整，大家的积极性无法得到调动，最终的销售业绩依然无法得到提升。

因此，在进行需求分析时，我们必须回答一个关键问题：培训究竟能解决哪些问题？培训主要针对的是人的问题，具体来说，是技能、知识、态度方面的问题。近年来，线上线下 OMO 和混合式人才赋能模式备受关注，其主要目的是解决技能类问题。根据绩效领域的权威专家吉尔伯特的研究，人的因素在绩效改进中仅占 25%，而环境因素则占 75%。这些环境因素包括激励机制、资源工具、工作目标设定、信息反馈机制、组织结构和业务流程等。

那么如何进行年度培训需求分析？

一年一度的学习规划工作即将开始，刘经理面临着如何制定明年的培训规划的问题。去年制定培训规划前，刘经理面向公司业务部门的广大员工进行了广泛的培训需求调研，以了解他们希望学习哪些课程。考虑到员工人数众多且分布广泛，刘经理还特意引进了先进的电子调研工具，以便更高效地发布调研电子问卷、收集和统计调研数据。刘经理认真整理了相关数据，并按照顺序汇总了员工想参加的课程清单，制作了今年的培训规划，并提交给公司领导审核。经过领导审核，培训规划中排名前 10 位的课程得到了批准，刘经理便按照该规划组织了今年的培训。然而，令刘经理始料未及的是，业务部门经常以工作繁忙为由拒绝参加培训，还有不少员工在培训过程中频繁进出或临时请假。此外，刘经理还听到业务部门经理抱怨培训效果不佳，无法帮助业务部门提升业绩。面对这些情况，刘经理感到非常委屈，觉得自己的辛勤努力都白费了。这些课程明明是根据业务部门的需求规划实施的，为什么得不到大家的支持和认可呢？明年的培训规划工作到底该如何进行呢？

坦率地说，我也曾经历过与刘经理类似的困境。不知各位读者朋友是否有过类似的经历？让我们共同帮助刘经理分析问题的根源。

首先，年度培训规划的定位存在偏差。培训规划的目的不仅仅是上课，更重要的是赋予业务、组织和员工能力，以解决实际问题。

其次，年度培训需求调研的流程和对象存在问题。我们需要思考年度培训规划应该满足哪个层面的需求。是组织层面的战略需求、部门层面的业绩需求还是员工层面的胜任和发展需求。这三个层面需求的优先级是什么。从价值链逻辑上来看，这是一个闭环。一是需要分析组织层面的战略需求，明确未来1～3年的战略布局和重点。二是分析哪些部门是战略落地的关键发力点或瓶颈点，这些部门的哪些岗位是关键岗位，需要重点发展和提升哪些胜任能力。三是分析关键岗位员工需要提升哪些胜任力，才能支撑企业战略目标的实现。

最后，培训需求调研的方法存在问题。针对不同层面的需求，调研方法和工具是否相同。刘经理采取的问卷调研法是否适用于所有情况。刘经理希望通过问卷调研法全面了解需求，但结果却不尽如人意。问卷调研法看似快速省力，但实际上可能回收较慢且效果不好。因为最终得不到认可，所做的努力可能会白费，甚至需要重新进行调研。因此，我们需要明确问卷调研法适用的场景、对象等。年度培训需求调研方法对比和分析如表 4-7 所示。

表 4-7　年度培训需求调研方法对比和分析

调研方法	优势	劣势	适用对象	应用场景	注意事项	能力建设
深度访谈法	深度访谈，有针对性，深入挖掘真实需求，建立信任	花费较多时间，对访谈者的综合能力要求很高	高管、关键部门的中层管理者	适用于明确和共识年度培训工作重点方向	一对一深度访谈，15～30分钟，提前做足功课，注意日常人际关系维护	访谈技术、提问技术、引导技术、倾听技术、业务洞察、分析能力、追问技术
绩效研讨法	聚焦绩效，有针对性，挖掘绩效需求，赢得认可	花费较多时间，业务部门不一定配合	业务部门经理	共创共识绩效问题、根因和解决方案	一对一或相关部门经理的深度研讨，15～30分钟	绩效改进技术、访谈技术、提问技术、追问技术、业务洞察力

（续表）

调研方法	优势	劣势	适用对象	应用场景	注意事项	能力建设
数据分析法	数据支撑，有较强的说服力	无法及时、准确地获得数据	公司整体和关键部门的业绩分析	与高管和部门经理会谈前，自我准备，会谈时共同分析和达成共识	获得高管支持，建立数据收集渠道	数据收集、整合和分析力
现场观察法	获得一手资料，直观具体	未必真实，片面	关键部门的典型员工（高、中、低绩效的代表性员工）	调查关键部门的关键岗位的绩效差异原因	明确观察对象，甄选有代表性的观察对象，不能让被观察者知道，保持真实性	业务洞察力、业务分析力、绩效诊断和改进力
问卷调研法	覆盖面广、简便、省时、省力	回收率低、回收质量参差不齐	基层员工	进一步明确关键部门的绩效问题、原因和学习需求（具体痛点、学习形式等）	问卷问题设计要设定边界、锁定范围，尽量避免让对方直接选择想上什么课题，而要明确绩效问题表现、原因	大数据收集、整理和分析力，数字化工具应用力

在年度培训规划中，表 4-7 中的需求调研方法具体该如何使用？是否必须全部采用？应该先使用哪个，后使用哪个？具体如何操作？要回答这些问题，我们需要先明确年度培训规划的目的及培训的价值。

简而言之，年度培训规划的目的在于为组织、业务和员工提供能力赋能，从而创造价值。为了实现这一目标，我们必须明确年度培训需求分析的价值所在。

年度培训需求分析三阶梯价值链如图 4-15 所示。

在年度培训需求分析三阶梯价值链中，横轴表示学习发展与业务战略的关联度，纵轴表示培训管理者的胜任力。随着培训价值阶梯的升级，企业对培训管理者的胜任力要求也越来越高。同时，培训部与业务战略的关联度也愈加紧密。第一阶梯是员工层面。该层面学习发展的目标是为员工赋能，培训管理者要成为员工的成长伙伴，加速员工胜任力的提升。员工的核心诉求是提升能力，得到系统赋能和学习成长的路径指引，不断提升工作胜任力，完成绩效目

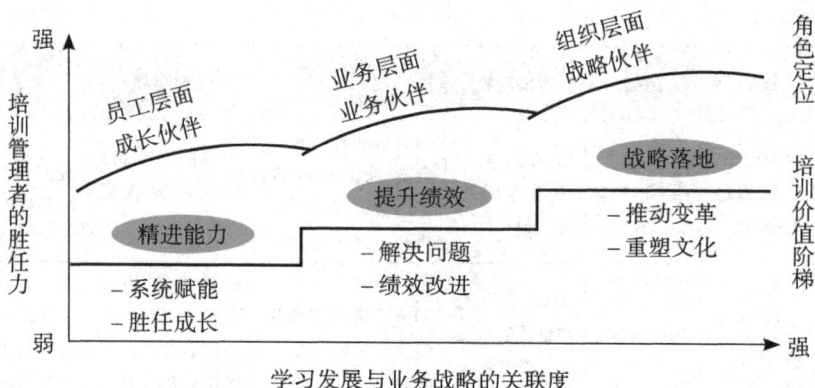

图 4-15 年度培训需求分析三阶梯价值链

标，获得职业发展机会。第二阶梯是业务层面。在第一阶梯的基础上，该层面的学习发展还要为业务赋能。培训管理者要当好业务伙伴，助力业务部门达成绩效目标，解决绩效问题，进行绩效改进；与业务部门经理进行对话访谈和绩效诊断，解决绩效问题。第三阶梯是组织层面。依托员工层面和业务层面绩效目标的达成、持续绩效改善，该层面的学习发展还要为组织赋能。学习发展必须承接业务战略，培训管理者要成为组织的战略伙伴，支撑企业变革、转型升级和文化重塑；助力高管进行战略落地，助推企业的愿景、使命、核心价值观形成共识，统一思想，凝心聚力，持续提升组织的向心力、凝聚力和战斗力。

因此，为了使年度培训规划更具价值，我们必须确保它在战略层面与绩效层面之间起到桥梁的作用，同时也要为员工的胜任力提升提供支持。为此，我们需要从上到下进行年度培训规划，以创造更大的价值。培训管理者首先必须充分理解企业高管的战略意图，并能够与高管进行有效沟通，成为他们内部的战略顾问；其次应该协助高管将业务战略与人才战略相结合，将战略地图转化为组织地图和人才地图；最后还需要明确组织的优劣势，根据人才标准进行人才盘点，了解组织人才队伍的数量、质量和结构现状。通过与业务战略和人才战略的对标，培训管理者可以确定企业未来 1 ～ 3 年需要重点发展的部门和岗位。

为了明确企业未来 1 ～ 3 年的整体战略目标，我们需要具备前瞻性思维。

基于战略目标，我们可以进行战略解码，将目标分解到各个部门，形成各部门的绩效指标 KPI 或 OKR。同时，各部门的绩效目标还需要进一步分解到各个关键岗位，以分析去年关键岗位的绩效指标是否达标，以及今年和明年的目标达成可能面临的挑战。我们需要明确现状与目标之间的差距，并确定是人的能力问题、环境问题还是两者共同导致的问题。例如，如果发现员工在某些技能上存在不足，培训管理者可以提供相关的培训和发展计划，以提升员工的能力水平。此外，培训管理者还可以在环境维度上提供合理化建议，为业务部门出谋划策。通过这些举措，培训管理者可以充分展现其综合实力。

在刘经理的案例中，销售部周总提出了进行销售技巧培训以提升销售业绩的需求。这一需求过于笼统和泛化。经过需求分析，刘经理发现高绩效销售代表的销售技巧精准有效，能够快速挖掘和引导客户需求，但许多销售代表无法达到这一水平。因此，更为精准的培训目标是：销售部与培训部共同承担责任，训前设计针对性场景，提炼最佳销售技巧，包含销售策略、销售流程、销售误区等；训中提供赋能方法和技巧，并进行实战操练；训后由销售组长进行跟踪辅导。在训后三个月内要实现销售技巧抽检 100% 达标，并同时获得销售需求 10% 的增长。

SMART 培训目标的设定能够精确地锁定客户的需求，并制定明确的量化指标。这些指标基于历史数据分析，是可达成的。此外，目标的达成不仅是培训部门的责任，也是销售部门的责任，需要大家共同努力推进。传统的方式是业务部门只提出需求，将培训变成仅仅是培训部门的事情，容易导致内部相互指责、相互推卸责任的内耗和熵增。因此，培训部门和销售部门共同分析与设定目标，从培训部门孤军奋战转变为培训部门和业务部门的联动协同，通力合作，从而解决推诿责任、内卷和内耗的问题。这样的 SMART 培训目标设定能够帮助企业培训部门和业务部门更好地各司其职、相互借力、协同合作和共同承担责任。

年度培训规划的整体逻辑链条应从战略解码的高度和绩效分析的角度进行

综合需求分析，以制定正确、SMART 的年度培训规划，真正支撑业务的发展。在此过程中，我们需要注意避免过度拔高培训的价值，以及过度抬高业务部门对培训的期望值。为了不断强化人才赋能，培训部门和业务部门必须共同承担责任，各司其职。只有这样，人才赋能项目才能有效落地实施。同时，我们还必须联合评估人才赋能项目目标的达成度，进一步验证培训需求分析和规划共创的精准度，并持续敏捷迭代和优化改进，以提升培训的效果和价值。

自我教练和实践 ··························

1. 结合年度培训需求分析的三阶梯价值链，分析你所在企业的培训管理、学习发展工作目前处在第几阶梯？

2. 结合年度培训需求分析和培训规划制定的三大区别，请你以某个培训需求为例，写出该培训需求的 SMART 培训目标。

在明确了年度培训需求分析与规划制定的区别和联系，并厘清了年度培训规划的整体逻辑链之后，我们需要明确以下问题。

1. 如何从高层管理者、中层管理者、基层人员不同角度进行培训需求分析，以确保年度培训规划能够上承战略、中促绩效、下推胜任？

2. 如何高效推动年度培训需求分析和规划制定？

3. 在年度培训规划实施后，如何证明培训效果？

培训管理者必须具备换位思考的能力，能够切换不同角度，从高层管理者、中层管理者、基层人员的视角看问题，以找到合适的人，采用恰当的方式和方法与他们进行有效沟通，倾听他们的诉求。同时，培训管理者还需要结合对业务的了解，从专业视角进行系统思考，与关键利益相关者共同分析问题、解决问题，从而确保年度培训规划能够上承战略、中促绩效、下推胜任。

基于此，在整个需求调研和分析的过程中，培训管理者需要与高管进行有效沟通,与中层部门经理进行绩效分析,与基层员工进行需求分析,从而制定精准、有效的年度培训规划。下面我们将详细探讨年度培训规划的三轮驱动模型、培训需求调研和分析的方法与工具。

在探讨年度培训需求调研和分析时,我们必须思考一个重要的问题:年度培训规划应该满足哪些干系人的需求?

在刘经理的案例中涉及销售部经理、生产部的中层领导、技术部的基层员工,他们的立场、角度和诉求都各不相同。如何进行优先级排序?如何区分轻重缓急?

针对这些痛点和困惑,刘经理不禁思考:到底是哪里出了问题?应该如何应对?年度培训需求从何处收集?收集到的需求又该如何分析和诊断?如何优化年度培训需求调研和分析的流程呢?问卷调研这种方式是否合适?应该在何时进行?是在年度需求调研的初期阶段还是后期阶段进行?

在前文,我们已经分析和部分回答了上述问题。为了进一步解决这些问题,我们必须明确年度培训需求调研和分析的整体操作思路。基于 APIE 模型的整体思路,我们以年度培训规划的三轮驱动模型(见图 4-16)作为具体实操落地的方法。

图 4-16 年度培训规划的三轮驱动模型

年度培训规划的三轮驱动模型是一个闭环，以组织的视角为出发点，自上而下，顺时针循环，从战略驱动到绩效驱动再到胜任力驱动，环环相扣。在进行年度培训规划工作时，我们必须进行升维思考，不能仅仅局限于就事论事。我们应该将培训规划定位为业务发展和人才管理的重要组成部分，进行全面系统的思考、全局筹划和整体策划。同时，我们还需要统筹考虑企业战略、业务绩效和员工胜任的需求，确保培训规划能够与战略相承接，促进绩效提升并推动员工胜任力的提升。

我们可以将培训需求划分为组织层面的战略驱动培训、业务层面的绩效驱动培训和员工层面的胜任力驱动培训三个部分。

第一，组织层面的战略驱动培训。以终为始，培训只是实现目标的手段，其核心目的是支撑企业的战略发展。在刘经理的案例中，他在初期采取了全员问卷需求调研的方式。然而，这种方式的最大问题在于将培训需求的焦点过多地放在了一线员工身上。一线员工的需求往往只站在个人的角度，他们关注的问题通常与个人利益密切相关，如工作压力、英语能力不足或想学插花等。这些需求与业务部门的绩效改进和企业战略目标的实现可能并无直接关系。然而，我们必须认识到，培训规划是一项涉及整个组织的决策行为。在制定年度培训规划时，我们首先要考虑的是满足员工需求还是组织需求。答案显然是后者。因此，我们应该将年度培训规划定位为人才战略管理和组织学习管理的高度。遵循要事第一的原则，我们首先要关注的是组织层面的需求。这意味着我们不必一开始就深入基层进行问卷调查，而应从企业全局和整个组织的视角出发，全面审视业务发展和战略实现的情况。我们需要分析组织未来 1～3 年的业务发展和战略实现的需求，确保学习发展能够上承业务发展和战略实现，使学习发展成为战略落地的有力支撑。在这个层面上，我们需要思考一个问题：要调研的对象是谁？代表组织层面需求的关键利益相关者就是企业的高管。通过与高管进行有效沟通，我们可以明确和共识学习发展投资的正确方向、关键部门和关键岗位。这并不意味着我们要完全听从高管的意见，而是要让培训真正紧密地联系到战略层面，避免与战略脱节，形成两张皮的现象。我们要让培训规划从既不重要又不紧急的事情转变为既重要又紧急的刚需。为了实现这一目标，我们必须确保年度培训规划能够上承战略，只有这样才能让高管真正重视培训并投入资源。

第二，业务层面的绩效驱动培训。只有明确企业未来 1 ～ 3 年的发展战略，并进行战略解码，才能将培训进一步下沉到业务层面，以促进绩效的提升。为了实现战略目标并将战略落地，企业必须进行战略解码，将组织的战略意图和战略目标分解到各个业务部门，形成相应的 KPI 或 OKR 绩效指标。在业务层面，培训管理者需要与关键业务部门的经理进行有效沟通，共同商讨如何通过培训来促进绩效改进。作为业务部门的内部绩效顾问，培训管理者应为部门经理提供策略建议，分析培训如何干预和推动绩效提升，引领业务部门共同分析哪些问题可以通过培训手段解决，哪些问题不能。只有这样，培训规划才能真正促进绩效的提升，支撑业务部门更好地实现绩效目标。这正是业务部门中层管理者最为关注的问题。

第三，员工层面的胜任力驱动培训。在整个业务管理的链条上，业务层面的目标是如何形成的呢？高层管理者制定组织战略目标，进行战略解码，分解到中层管理者，并进一步分解为业务层面的绩效目标。然而，高层管理者的战略目标和中层管理者的绩效目标的实现还需要进一步分解到员工层面。也就是说，每位员工都需要有明确的绩效目标。只有基层员工的绩效目标完美达成，各业务部门中层管理者的目标才能达成；而只有所有业务部门中层管理者的绩效目标都能达成，整个组织的战略目标最终才能达成。因此，目标管理是一个自上而下制定和自下而上达成相辅相成的闭环管理过程。为了实现这一目标，培训必须为员工赋能，不仅要提升员工的胜任力，而且能够持续助推员工思维、认知和能力的迭代升级。特别是对于关键部门和关键岗位的员工，培训要持续赋能，不断提升他们的整体胜任力，帮助他们更有效地达成个人的绩效目标，从而支撑业务层面绩效目标的实现，最终促进组织层面战略目标的达成。因此，培训规划还需要下推胜任。具体而言，要通过年度培训规划，系统性、前瞻性地赋能关键部门、关键岗位和关键员工。

如何根据三轮驱动模型来制定年度培训规划，以确保其能够灵活运作并有效实施？如何从组织、业务和员工三个层面高效地进行年度培训需求调研和分析，使培训规划既符合战略目标，又能促进绩效提升，同时还能提升员工的胜任能力？如何果断地与高层管理者进行有效沟通？如何智慧地与中层管理者进行绩效分析？如何高效地与关键部门和关键岗位的基层员工进行团队共创，梳理课程体系和学习地图，以提升他们的胜任能力，加速人才培养，推动绩效提升和战略落地？接下来，我们将详细介绍三轮驱动的三步走策略的具体实施方法。

我们先来探讨三轮驱动的第一步：如何在组织层面和宏观维度上进行培训需求调研与分析，以确保培训规划与企业战略相一致？如何赢得高管的真正重视和支持？面对众多部门，我们应该如何平衡各方面的需求？如何识别关键部门并与企业高管达成共识？为了解决这些问题，我们需要从培训管理者面临的痛点和难点入手。

1.培训管理者的地位不高，权力有限，无法参加企业的经营业务会议和战略规划会议，因此无法了解企业的战略方向。该如何解决这个问题？

2.在企业快速发展的过程中，缺乏明确的战略指引。该如何应对这种情况？

3.尽管企业有战略，但战略经常变动或者过于复杂。该如何处理这个问题？

4.对于培训管理者来说，理解和分析企业战略可能有些困难，因为战略听起来似乎是一个高度专业化的领域。该如何克服这个难题？

5.不知道如何将企业战略转化为具体的培训需求，这似乎是一个技术活。该如何解决这个问题？

要解决这些难题，使培训规划真正符合战略需求，培训管理者必须具备两项关键能力。首先，培训管理者需要具备专业能力，能够深入了解业务和市场情况。其次，培训管理者需要具备跨界领导力和向上管理能力，以赢得高管的信任和支持。因此，培训管理者需要了解两个工具：一个是战略需求调研表，用于自我教练；另一个是高管访谈 GPS 三步法。

战略需求调研表也是培训管理者的自我教练工具表，如表4-8所示。我们常说 HR 需要扮演好 HRBP 的角色，这意味着 HR 需要了解业务。那么如何了解业务呢？HR 需要培养经营意识、业务思维和商业敏感度。这张工具表单可以帮助 HR 进行自我教练。HR 需要了解企业的商业模式、经营模式、盈利模式和发展模式等。同时，HR 还要从市场、客户和行业等外部视角来审视企业的整体战略。

表 4-8　战略需求调研表

关键词	参考问题
发展战略	未来 1 ~ 3 年或 3 ~ 5 年企业的发展战略是什么
收入	企业当前和未来最重要的收入来源是什么？企业股价是多少？过去 2 ~ 3 年销售额、毛利润、净利润是多少？主要利润来自价值链的哪个环节
客户	企业的目标客户是谁？这些客户在哪里？应给予客户哪些价值组合？谁是我们的大客户？他们为什么买我们的产品 / 服务？他们在哪里
产品 / 服务	企业的主要业务是什么？核心产品 / 服务是什么？产品如何销售？哪个 / 哪些产品利润大？今后 2 ~ 5 年呢
竞争对手	谁是企业的主要竞争对手？我们的优势是什么？对手的优势是什么
机遇和挑战	企业面临的最大机遇和最大威胁是什么？企业高管最关注的 2 ~ 3 件事是什么？企业业务增长的核心优势是什么？限制企业发展的障碍有哪些？先后排序是什么
竞争战略	企业的核心竞争战略是什么？为什么
行业趋势	企业所处的行业市场如何？有哪些新的核心技术，企业的发展趋势如何

第一，企业的发展战略是什么？战即战场，略即攻略，攻城拔寨，以取得胜利。战略即为方向，做出选择，做出决策，选择赛道，选择战场，确定方向，制定攻略。用通俗易懂的语言来解释，战略就是企业的发展方向。企业要做什么？不做什么？企业从何处来，又将去往何方？企业依靠什么来取得成功？企

业的核心产品或服务是什么？企业主打的拳头产品和核心服务又是什么？以行远公司为例，作为一家生物制药公司，他们的核心产品是某系列的生物制剂和解决方案。

第二，企业的目标客户是谁？行远公司是一家面向企业客户（2B 端）的公司，尤其是三甲医院和大型检验检测机构是他们的核心客户群体。

第三，企业必须为客户、股东和社会创造财富。因此，我们需要明确企业最重要的收入来源是什么？对于行远公司来说，最重要的收入来源是什么？过去 2 ~ 3 年的销售额、毛利润和净利润是多少？主要利润来自价值链的哪个环节？

第四，我们需要了解企业的竞争对手是谁？内外部的机遇、挑战和威胁是什么？与竞争对手相比，企业的优劣势是什么？如何未雨绸缪地提前规划面向未来的产品？除了现有产品，行远公司还有哪些新的增长点？需要研发或迭代哪些产品？

第五，通过市场分析，企业的市场竞争战略是什么？行远公司的核心竞争力是与时俱进的敏捷研发力和产品力。行远公司不依赖价格战，而是将差异化作为竞争战略，快速洞察和引领市场需求，并敏捷推进差异化产品的研发和上市。因此，行远公司在产品的价格上具备更强的议价能力。行远公司的核心优势和护城河是持续的技术研发能力。行远公司需要不断巩固和发挥核心优势，做强做大。同时，好产品也需要好销售，销售力也需要进一步提升。

第六，企业要想持续高质量发展，未来 1 ~ 3 年的发展目标是什么？面对新的发展机遇，行远公司规划在未来 3 年内上市。阻碍公司上市的因素有哪些？先后排序是什么？哪些是关键卡点、漏气点，需要优先解决？

通过对以上问题的系统分析，我们发现行远公司在快速扩张的过程中出现了人才短缺和管理不规范的问题。同时，新品的研发周期较长，这给如何平衡研发投入与销售业绩带来了挑战。此外，为了支撑企业上市和业绩持续增长，行远公司的刘经理结合战略需求调研表进行了战略需求调研和分析。我强烈推荐大家参考这张表，自问上述问题，看看能回答多少？对于能够回答的问题，可以进一步验证；而对于无法回答的问题，正是我们需要关注和学习的盲区。我们可以向高管和中层管理者请教，以更好地理解企业的整体战略情况和解析战略需求。

因此，为了引起高管对学习发展和人才培养工作的重视，我们必须与他们进行有效沟通。在进行沟通之前，我们必须做好充分的准备工作，利用战略需求调研表进行自我教练和问题解答，自主分析本企业的整体战略布局、战略目标和战略需求。培训管理者应该站在企业业务经营和战略发展的角度为高管提供建议和策略，这样其才能更有话语权和价值感。

结合战略需求调研表，我们已经做好了前期的准备工作，并拟定了年度培训规划的初步方案。接下来，我们需要探讨如何与高管进行有效沟通，以及如何将初案与高管的想法充分整合，最终达成共识并获得高管的高度认可和支持。为此，我们可以参考高管访谈 GPS 三步法和具体示例，如图 4-17 所示。

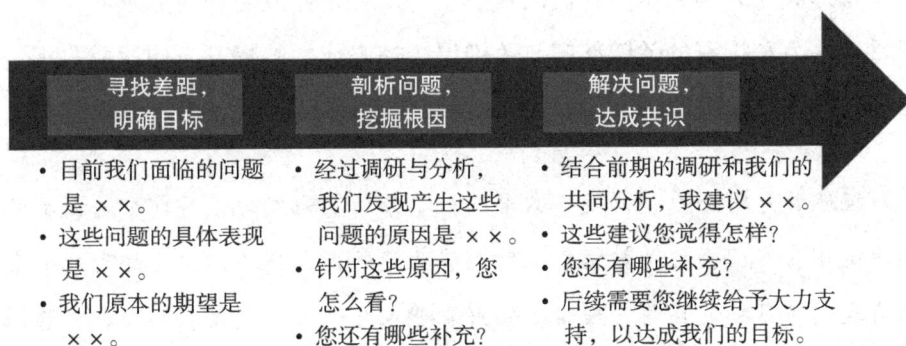

图 4-17　高管访谈 GPS 三步法和具体示例

第一步是寻找差距，明确目标。为了寻找差距，我们需要结合战略发展目标，明确当前的现状，以及与目标之间的差距有多大？在业务价值链的各个环节中，哪些部门需要继续努力？哪些部门是战略落地的瓶颈？通过这样的分析，我们可以清晰地界定问题所在。

第二步是剖析问题，挖掘根因。要缩小差距，我们需要进行系统的分析，找出导致差距的根本原因。这包括对业务链的关键环节、关键发力点、堵点和瓶颈点进行分析，通常我们会聚焦于某些关键业务部门。为什么这些关键部门需要加强努力？限制这些部门发展的原因是什么？只有找到根本原因，我们才能精确地制定解决方案。

第三步是解决问题，达成共识。找到问题的根本原因后，我们需要进一步完善解决方案，以达成共识。接下来，我们需要思考未来重点发力的关键部门的优先级排序，为什么选择这个排序？为了助力这些关键部门继续发力或突破瓶颈，我们可以提供哪些解决方案？如何进行深入挖掘和达成共识？这里的方案不仅包括学习发展方面的培训方案，还可能涉及组织环境和治理方面的建议。我们需要从战略落地和绩效改进的角度分析战略目标和现状之间的差距，以及哪些绩效问题可以通过培训手段解决，哪些需要通过非培训手段解决。同时，解决方案不仅要让培训管理者自己能够理解和执行，更重要的是在最初规划阶段与高管达成充分的共识。我们的目标是：结合企业战略和业务发展需求，就明年重点发力和投资的关键部门与关键层级核心能力的提升方向达成共识，赢得高管的信任、重视和支持。

刘经理首先对公司整体战略需求进行了分析。他发现，目前公司面临的一大挑战是销售部门面临着持续增长的销售业绩的巨大压力，严重缺乏能够带领团队实现销售目标的销售管理者。销售管理人才，特别是销售经理和销售总监短缺。公司内部找不到合适的人选，但从外部招聘的空降兵却无法适应公司的文化，很快就离职了，给销售部门留下了许多隐患，甚至导致潜在的优秀销售管理人才流失。为了实现销售业绩的稳定和持续增长，急需有能力的销售管理者带领一支稳定、优秀的销售队伍持续创造出色的销售业绩。刘经理提出了三点建议：一是稳定现有的优秀销售管理人才，二是从内部培养、储备和提拔销售管理人才，三是从外部招贤纳士。只有通过这三个方面的努力，才能持续打造一支销售管理梯队，从而实现销售部门的整体业绩的稳定和持续增长。最初，公司希望 50% 的销售经理和销售总监能够从内部提拔，另外 50% 从外部引进。然而，现实是内部无人可提。经过与销售总监周总、几位优秀的销售经理沟通后，刘经理发现，公司在快速扩张的过程中，缺乏前期的人才盘点及针对销售管理人才的梯队建设。这种战略性人才管理举措几乎是一片空白，大家只是一味忙于业务和达成销售目标。在业务发展过程中，销售管理人才匮乏的问题逐渐累积，最终导致内部陷入无人可提拔的窘境。基于以上情况，刘经理提出了合理化建议，并希望听取高管的意见，特别是周总和张总对于公司销售管理人才情况的看法和意见。经过调研和人才盘点，刘经理获得了以下数据：在销售代表中，具备一定销售管理潜力的高潜人数仅有 5 人，占比不到 3%。这些人员不仅在销售业绩上表现出色，还具备一定的领导潜力。基于这些数据和方案，刘经理向高管提出了建议：未来 3 年公司将上市，必须确保稳定的销售业绩增长。因此，公司必须开始进行销售管理人才的梯队建设。梯队建设的本质就是建立标准、对标和达标的过程。首先，需要梳理内部优秀销售管理人才的标准，依据该标准选拔、培养和储备一支具备高绩效和高领导潜力的高潜销售管理人才梯队。其次，需要整合和搭建一套适合销售管理序列的学习地图与课程体系，以支持梯队建设。在接下来的 3 年，每年持续进行识别、选拔、培养和历练，以达到留住高潜人才并加速发展、支撑业绩达成的目的。

以上详细阐述了寻找差距、挖掘根因的前期诊断过程和步骤。在诊断完成后，培训管理者将提供合理化建议，并与高管进行充分沟通，以确保他们能够查漏补缺，最终达成共识。例如，为了搭建销售管理人才梯队的学习地图和课程体系，培训管理者需要提供相应的人、财、物的支持。这不仅包括预算的支持，还需要选拔出的现有绩优的销售主管、销售经理和销售总监参与其中。团队将共创并梳理各层级销售管理者的能力标准和培养路径，以满足和加速销售管理人才的可持续、高质量供应。通过这样的人才供应，培训管理者将支撑业务发展，并助力实现公司未来三年的业绩长虹和上市目标。

以上分析的过程是每一位优秀的培训管理者在与高管进行访谈之前，必须完成的前期准备工作。这种访谈，其实更像是一种共识或确认的过程，也就是说，培训管理者需要提前进行诊断、分析并提出方案，以扮演好内部顾问的角色。同时，培训管理者需要学会出选择题，而非问答题。在这个过程中，培训管理者需要以简洁明了、结论先行的方式，有理有据地向高管汇报，并与他们进行确认，最终与高管达成共识。这个过程不仅是充分展示培训管理者综合实力的重要环节，也是赢得高管信任的关键沟通环节。

特别需要注意的是，在战略需求分析的全过程中，培训管理者需要进行自我教练，并与高管进行有效沟通。与高管进行沟通时，要坦诚、有理有据。我们需要避免的误区是，将高管访谈错误地定位为答记者问模式，即培训管理者向业务高管提出很多问题。例如，刘总，您认为企业需要哪些培训？您觉得明年应该提供哪些培训课程？您认为今年哪些课程比较好，明年可以继续上？这样的问题高管基本上不会回答。因为培训并不是业务高管关注的优先级，他们更关注企业后续如何取得长期的业绩增长。因此，业务高管希望培训管理者能够为他们出谋划策，提供合理化方案，而不是被问一堆问题。此外，业务高管通常非常忙碌，注重结果导向和效率。我们应该尽量提供简洁明了的选择题，以便他们能够快速做出决策。

培训管理者需要具备福尔摩斯般的洞察力和分析能力。首先，要敏锐地发现问题并找到差距，以明确目标。其次，要深入分析问题，挖掘根本原因，找到解决问题的关键所在。最后，要与高管进行充分的沟通，共同探讨解决方案。高管并不是置身事外，而是积极参与其中。他们的参与不仅仅是个人行为，更是团队合作的一部分；他们的参与不仅仅是为了方便自己开展工作，更是为了整个团队的利益。因此，通过高管访谈 GPS 三步法，我们能够获得高管的信任和支持，形成合力，并通过借势、造势、乘势，最终达成共同的目标。

通过与高管的有效沟通，培训管理者能够确保培训规划与企业的业务战略相衔接，从而使企业高管对培训工作更加重视。这种重视不仅仅是口头上的，更是从行动上的投入。无论是高管自己投入的时间和精力，还是其他人力、物力和财力的支持，都能够体现出高管对培训工作的高度重视。一旦高管重视，中层管理者和基层员工也会更加积极踊跃地参与其中，这就是所谓的上行下效。

在行远公司上市筹备的过程中，确保未来三年的业绩持续稳定增长是一项至关重要的任务。为了实现这一目标，公司需要关注销售部门如何持续提升业绩，同时也要重视研发部门的技术研发能力的不断迭代，以进一步强化自身的核心竞争力。要想引起公司高管张总的重视和参与，李总和刘经理需要做到：能够结合战略需求调研表进行自我教练、自我提问、深度思考和充分准备，能够与高管进行有效的沟通，并运用正确的方式方法——高管访谈 GPS 三步法与高管达成共识，提供合理化建议，从而赢得张总对培训的重视、支持和认可。

自我教练和实践 ···

1. 结合战略需求调研表，尝试梳理和分析你所在企业的战略情况。

2. 应用高管访谈 GPS 三步法，与人力资源部门高管或关系较好的业务部门高管沟通年度培训需求。

通过第一步与高管达成共识，确定了未来重点投资的关键部门和赋能方向。接下来，我们将探讨年度培训规划三轮驱动的第二步：如何在业务层面和中观维度上进行培训需求分析，以及如何从中层管理者的角度进行培训需求分析。同时，我们还将讨论如何承接业务目标，使年度培训规划能够促进绩效提升，并支持关键部门中层管理者更好地达成部门绩效。那么，具体的方法和应用工具是什么呢？

在这个维度上，培训管理者经常面临以下挑战和难题。

1. 如何获得关键业务部门经理的认可？

2. 如何确保培训规划真正促进绩效提升？

3. 对所支持的业务部门了解有限，特别是关于业务部门的绩效结果、绩效情况和 KPI 指标等，该如何处理？

4. 业务部门经理不认可自己的提议，该如何应对？

刘经理经常面临一种困境：与生产部门经理沟通需求时，该部门经理表示团队士气低落，需要组织一次团建活动来提升士气。然而，当刘经理进一步与相关员工交流时，员工却反映他们承受着巨大的压力，需要接受解压方面的培训。刘经理意识到经理和员工的需求存在明显差异。那么，该如何应对呢？是否应该按照部门经理的需求安排团建活动？团建活动真的能够解决士气低落的问题吗？我们常常发现，在团建活动中，学员表现得很开心，一旦回到工作中，他们很快又回到了原来的状态，无法从根本上解决团队士气问题。因此，围绕业务层面的绩效问题，如何治标更治本，标本兼治？如何围绕绩效改进进行培训需求调研？

在刘经理的案例中，我们了解到业务部门经理提出了许多需求，但在培训过程中，员工却未能积极参与。此外，这些需求往往过于笼统，如销售技巧不足，需要提升销售技巧的培训；执行力不够强，需要进行执行力提升的培训；经销商管理能力有待提高，需要开展经销商管理培训；绩效指标压力较大，需要进行压力管理的培训；近期团队士气低落，需要进行团队建设等。尽管按照这些需求进行了培训，但业务部门对结果仍然不满意。面对这种情况，我们应该如何解决呢？

要解决上述问题，首先需要明确绩效的概念。绩效是指组织中个人或群体在特定时间内所展现的工作行为和可测量的工作结果，以及组织结合个人或群体在过去工作中的素质和能力，指导其改进完善，从而预计其在未来特定时间内所能取得的工作成效的总和。

绩效包括两个重要方面：业绩和效率。业绩体现企业的利润目标，它由目标管理和职责要求构成。而效率则体现在工作的行为、方法、方式等方面，它是企业管理成熟度目标的体现。

绩效是一个综合性的概念，既包括可衡量的工作结果（绩），也包括可描述的工作行为（效）。团队绩效的达成与否，最终取决于员工实实在在的工作表现，即业绩结果都是通过实际行动所取得的。

例如，行远公司生产部门是否能够按时、保质、保量、安全地完成生产任务，取决于一线班组长是否能够有效管理团队，以及一线员工是否能够按照标准作业规范操作，按时、保质、保量地生产出合格的产品。此外，班组长和员工在生产过程中是否能够积极预防问题、发现问题并解决问题，以及在遇到异常情况时是否能够快速响应并高效解决。一线员工的业绩受到多种因素的影响，其中班组长的管理方式对员工的业绩有着巨大的影响。如果班组长善待员工，与他们建立良好的沟通和合作关系，员工将更有动力投入工作；相反，如果班组长动辄简单粗暴地训斥员工，导致员工不满并考虑辞职，这将严重影响员工的工作积极性。另外，生产过程中的环境因素也会对员工的绩效产生影响。例如，在夏天的生产车间中，高温环境会使一线员工的工作状态不佳，从而影响绩效。此外，生产车间是否实施了 8S 管理，工作环境是否整洁有序，常用的生产工具是否易于操作且不频繁出现故障，也会对员工的绩效产生影响。从绩效改进的角度来看，为了促使员工达到预期的工作成果，必须采取相应的措施来促成员工完成可预期的工作行为。

绩效的影响因素是多方面的，而绩效改进之父吉尔伯特的研究揭示了两大关键维度：组织环境因素和员工个人因素。这两大因素对绩效的影响程度究竟如何？哪个因素的影响更大？培训管理者应该从绩效改进和系统视角出发，帮助部门经理综合分析以下问题：为什么绩效会不佳？为什么未能达到预期的 KPI 目标？为什么团队士气低落？在员工个人方面存在哪些问题？在组织环境方面又存在哪些问题？

组织环境因素又细分为三个要素。第一个要素是组织是否具备明确的数据、信息和反馈机制。以行远公司为例，生产部门是否有明确的生产目标？班组长和一线员工是否清楚自己的工作目标及每天的工作进度是否达到预期？生产过程中是否采用看板式管理，生产情况是否可视化？班组长和员工能否及时了解本班组和其他班组的生产情况？一线员工是否能及时获得相应的工作进度信息？他们是否能从班组长那里得到及时的反馈，包括哪些方面做得好，哪些方面需要改进？在数据层面上，需要特别关注一线员工是否清楚自己的工作目标，尤其是量化的数据目标，如生产数量、质量和交期等要求。这些数据信息是否能够实现可视化和可触达，员工是否能够获得及时的反馈。这些因素对于工作绩效具有重大影响。

第二个要素是资源、工具和流程。例如，在生产过程中是否有简单易用的生产工具和生产设备？整个生产流程上下游及员工之间的配合是否简单流畅？巧妇难为无米之炊，是否有相应的资源，如新工艺是否有配套的标准操作程序，是否有充足的培训资源和内训师资源等。这些因素对于工作绩效也有很大影响。

第三个要素是结果、激励和奖励。作为一线员工，他们的工作量和质量是否受到不同的对待？很简单的逻辑，如果干与不干、多干与少干、干好与干坏都受到同等的对待，那么员工的积极性不会被激发。因此，是否有相应的激励机制和奖惩机制，对于员工的积极性、主观能动性以及对于工作绩效也会产生很大的影响。

除了组织环境因素，员工个人因素在工作绩效中同样具有重要影响。为了充分发挥员工的主观能动性和聪明才干，我们需要关注员工是否具备生产工艺知识、生产技能及良好的天赋条件等因素。例如，生产生物制剂需要掌握药物化学、制剂设备和生产工艺等专业知识和技能；生产精密配件则需要良好的视力。因此，将合适的人员安排在适当的岗位上至关重要。同时，我们还需关注员工是否喜欢从事这份工作以及他们的工作态度如何。例如，他们是否热衷于在生产线上操作高端设备，以生产出优质的产品？他们是否认为这份工作充满趣味性，能够发挥出自己的优势？他们是否愿意与机器打交道，将机器视为好兄弟、好朋友？这些因素都会直接影响工作绩效。综上所述，知识技能、天赋潜能和态度动机是员工个人因素中的三大要素。只有员工具备能干、适合干以及也想干这三个条件，才能确保工作绩效的最大化。

在组织环境因素和员工个体因素中，哪个因素的占比更高呢？相关研究结果显示，组织环境因素的占比更高。惠普公司秉持着这样的企业文化：只要企业提供适宜的环境，员工必然会全力以赴。这也是惠普的核心理念。绩效改进领域的专家吉尔伯特研究发现，组织环境因素对绩效的影响占比为75%，而员工个人因素的影响占比仅为25%。

从组织发展和组织管理的角度来看，第一个要素数据、信息和反馈的占比为35%。这意味着设定SMART目标，及时了解工作进展，并提供及时、积极的反馈。同时，在工作中需要有简单且易于使用的工具，以及简洁高效的流程。第二个要素资源、工具和流程的占比为26%。第三个要素结果、激励和奖励的占比为14%。综上，组织环境因素对于绩效的影响总占比达到了75%。

绩效的实现必然与员工个人因素密切相关。首先，员工需要具备与时俱进的知识与技能，这一部分占比11%。其次，实现人岗匹配，将员工放在合适的岗位上，这一部分占比8%。最后，员工的工作意愿和工作态度也是影响绩效的重要因素之一，这一部分占比6%。综上，员工个人因素对于绩效的影响总占比为25%。

培训管理者需要具备统筹分析、系统诊断的能力，以帮助业务部门经理分析组织环境因素和员工个人因素的优劣势。我们可以采用哪些方案来干预绩效？有哪些培训方案可供选择？培训方案的重点是什么？培训主要解决的是人的知识、技能问题，占总体的11%。然而，天赋潜能和态度动机占比14%，对我们的启发是：需要先选对人，即不断提升识人、选拔和招聘的有效性。无论是内部招聘还是外部招聘，我们都需要先选对人，只有这样才能更为高效地培养和用好他们。因此，七分选，三分育是至关重要的。有人可能会质疑：知识技能培训的价值只有 11%，是否太低了？实际上，培训的价值远不止于此。例如，我们可以通过培训手段进行干预，树立和强化员工的目标意识，掌握目标管理的方法和技术，赋能部门经理反馈技术和辅导技术。因为及时、高质量的反馈和辅导本身对员工而言就是激励，对组织而言不需要多花一分钱，但需要赋能部门经理相应的认知、思维和技能。通过培训，我们可以赋能员工和管理者 8S 管理、精益生产、六西格玛、流程优化、流程再造等相关理念、技能、方法和工具，支持部门梳理和优化业务流程，提升生产管理效能，助力降本增效等。这些都是通过培训手段干预和改善环境、资源、流程、工具因素的方式。在激励层面上，更多是组织行为。我们需要从组织层面上不断完善绩效管理机制、激励机制和奖惩机制，如图 4-18 所示。

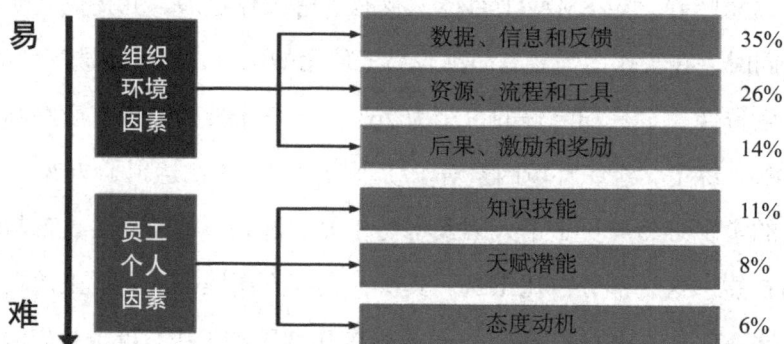

图 4-18　吉尔伯特绩效改进行为工程模型（BEM）

只有通过系统思考，培训管理者才能从被动转变为主动，不再被业务部门经理牵着鼻子走，也不再像服务员一样被动地接受订单。相反，他们需要与业务部门经理一起进行绩效分析，以实现更高效的管理。为了更好地进行绩效需求调研分析，下面将介绍一种有效的方法——绩效需求研讨法。

首先，调研对象应针对关键部门的部门经理，如生产部门经理、销售部门经理、研发部门经理等。在调研方式上，建议采用一对一访谈或一对多焦点小组研讨的方式。具体而言，一位培训管理者可以与相关业务部门的多位经理进行沟通，如与销售一部、二部、三部的三位部门经理共同研讨。由于培训管理者不直接参与业务部门的工作，因此绩效诊断不能仅凭个人闭门造车。调研的目的在于通过共同研讨、团队共创和责任共担的方式，集中关注问题、深入分析问题并有效解决问题。

通过培训管理者的专业引导，我们将与部门经理共同明确绩效问题的表现，并深入、系统地分析问题出现的根本原因，以共创和共识解决方案。我们将采取多种手段，协同发力，推动问题的解决。在与业务部门沟通之前，培训管理者可通过邮件预约和当面沟通的方式，明确研讨的目的、方式和方法，让业务部门经理卸下防备心理。由于讨论到绩效问题，经常面临绩效目标未达成或存在巨大挑战的情况，部门经理常常存在顾虑，不愿表达或有所保留。因此，我们需要引导和创造一种信任的氛围和场域。然而，建立信任并非一蹴而就的事情，需要培训管理者在日常工作中与关键部门经理多沟通。只有建立良好的关系，才能逐渐赢得对方的信任。

其次，特别需要强调的是，针对绩效问题的表现，我们应该透过现象看本质，引导业务部门经理一起分析绩效问题出现的根本原因是什么？也就是说，我们应该与部门经理一起担任中医的角色，通过望闻问切的方法，找到病灶和病根，共同开出治标也治本的良方，以共创和共识解决方案。

如何具体操作和实施绩效诊断？下面将分享一张实用的工具表单——绩效需求引导问题清单，如表4-9所示。为了与关键部门经理进行有效的沟通，首先需要掌握自我教练的技巧。自我教练的过程包括界定问题、分析问题和解决问题。同时，在自我教练的过程中，我们也可以辅导部门经理。通过与关键业务部门经理的研讨，结合企业战略和业务发展的需求，我们就关键部门的绩效问题的界定、分析、解决方案与部门经理达成共识，并获得支持。

表 4-9　绩效需求引导问题清单

问题目的	参考问题
界定问题	关键岗位目前最需要解决的绩效问题是什么
分析问题	哪些关键的行为或因素导致了绩效差距
	哪些问题关键行为或因素可以通过培训解决
解决问题 （培训解决方案）	哪些学习要点应该包含在培训中
	如果资源有限，这些要点应该如何排序
评估效果	学员出现哪些行为时，说明培训有效
	培训成功的具体标准是什么
解决问题 （非培训解决方案）	除了培训以外，还有哪些方法可以改善这个绩效差距
达成共识，获得支持	你愿意为培训提供哪些资源和支持

行远公司生产一部郭经理提出，生产部门的一线员工出现了士气不高、执行力差的问题，需要刘经理安排一场执行力方面的培训。然而，刘经理需要思考的是，士气不高、执行力差是真正的问题所在，还是只是问题的表象？真正需要解决的更深层次的问题是什么？

绩效是可观测的行为和可衡量的结果。士气不高、执行力差只是模糊的、感性的、笼统的、泛泛的问题表象，可以说是一种伪需求。因此，我们需要透过现象看本质，挖掘出真正的需求，这需要分析生产部的 KPI。生产部的 KPI 一般包括按时、保质、保量、安全交付产品，确保高产能、高生产率、高良品率等。然而，郭经理面临的真正问题是有些班组无法按时交付产品，经常无法完成交期指标。即使勉强赶上交期，次品率又超标了，产品合格率也不达标。因此，我们需要进一步深度分析这些问题背后的原因。

接下来，刘经理和郭经理一起分析交期指标无法完成及交付后产品出现质量问题的原因。以下是他们的对话。

刘经理问道："郭经理，我们刚才讨论到真正令人头疼的问题是交期指标无法完成和交付后客户投诉产品质量问题。请您和我一起分析一下其中的原因是什么？您有什么看法？"

郭经理回答："实际上，我也一直在思考这个问题。"

刘经理继续询问："郭经理，是不是所有班组都无法完成任务呢？"

郭经理干脆地回答："不是的。总共有 7 个班组，其中 4 个班组能够完成任务，而另外 3 个班组经常出现问题，这让人非常头疼。"

刘经理进一步追问："您观察到这些能够完成任务和无法完成任务的班组之间有哪些不同之处吗？"

郭经理思索片刻后说道："能够完成任务的班组士气高昂，每次我路过时，他们都在认真工作，班组长也在认真巡检，不时与员工交流并保持微笑。他们的工作态度积极。在不忙的时候，大家也会互相交谈，工作氛围非常好。然而，那些没有完成任务的班组，员工们似乎缺乏凝聚力，一个个精神不振，没有活力。我甚至几次看到有人在偷偷玩手机，被班长发现后遭到训斥。还有几次我看到班长指着员工的鼻子大声斥责，员工不服气并与班长争吵，差点发生肢体冲突。后来这个班组陆续有员工辞职，真是令人头疼。"

谈到这里，让我们来分析一下。刚才提到的这些现象似乎是一线员工的问题，但实际上问题的根源在哪里呢？没错，班组长的管理问题是真正的症结所在。通过与郭经理的对话，刘经理找到了真正的问题所在，即班组长的管理能力不足。那么，班组长的管理问题是否可以通过培训来解决呢？班组长的管理问题确实可以通过培训手段进行干预和提升。

进一步分析这个问题，刘经理问道："郭经理，那些能够带领团队完成任务的班组长是如何做到的呢？"

郭经理回答道："我发现，那些表现出色的班组长在开晨会时经常表扬优秀员工，鼓励落后员工。在现场巡视中，他们会关心员工的工作和生活情况，如拍拍员工的肩膀表扬他们的表现。中午吃饭时，他们会与一线员工一起用餐，与他们打成一片，有时甚至自掏腰包给大家加个鸡腿。"刘经理思考了一会儿，说道："郭经理，这些绩优班组长的做法恰恰体现了他们具备高情商的团队建设和班组氛围打造能力，与表现不佳的班组长形成了鲜明的对比。那么，如何让这些绩差班组长也具备团队氛围打造、高情商的团队沟通和团队激励的管理能力呢？是否需要为他们提供有针对性的培训？"

刘经理继续说："郭经理，坦率地说，无论是 1 天、2 天还是 N 天的培训，我们的时间、预算都是有限的。因此，我们必须将有限的资源合理分配到合适的地方。根据我们的分析，我们发现那些无法按时交付产品、频繁出现次品的班组长在管理方式上过于简单粗暴，只关注工作结果，而忽视了一线员工的需求和情感。他们与团队成员之间存在较大的距离感，很少有真诚的关怀和交流，只关注工作是否完成，对员工的一点小错误都无法容忍。一旦出现错误，班组长就会当众严厉训斥。基于这样的分析，我建议将培训重点放在绩差班组长的高情商向下沟通技巧上。您对此有何看法？"

郭经理："嗯，经过这样的分析，问题确实出在这些班组长身上。他们的管理方式尤其是沟通的方式和方法上过于简单粗暴，直接影响了团队氛围和员工的工作积极性，确实需要提升。刘经理，我还想问一个问题，如何检验培训的效果，如何确保时间和资金的投入是值得的呢？

刘经理微笑着回应道："郭经理，您提的问题非常具有代表性！这也是我特别关注的问题。我们需要从班组长的向下沟通行为入手，观察是否有所变化，并跟踪团队绩效。我们希望通过培训达到增强意识、改善行为的目的，帮助那些表现不佳的班组长意识到只关注结果而忽视员工是行不通的。尤其是随着新生代员工数量的增加，简单粗暴的管理和沟通方式不仅无效，还会迫使员工离职。我们需要观察这些班组长在参加培训后是否减少了简单粗暴的训斥，逐渐增加了关心、鼓励、表扬和肯定等温暖的行为。当我们发现这些班组长的行为逐渐改变时，就说明我们的培训取得了成效。当员工看到和感受到班组长的变化时，其工作积极性也会提高，会更加努力地工作，最终按时、保质交付产品。这时，我们就可以说我们的培训成功了。当然，这需要一个过程。郭经理，您对此有何看法？"

郭经理："班组长对团队氛围和士气的影响非常大，他们的言行举止直接影响着团队的战斗力和绩效。他们的意识和管理方式、沟通方式的积极改变一定会给团队带来正面的影响。然而，刘经理，我之前也与他们讨论过这个问题，但感觉变化并不明显。"

刘经理："郭经理，您提到了我的痛点，人都有惰性和惯性。刚刚我们提到的是培训解决方案，除了有针对性的培训，我也在考虑还有哪些方法可以用来解决问题，或者说以终为始，真正促进班组绩效目标的达成？已有研究发现，员工个人因素和组织环境因素对绩效的影响分别占25%和75%。因此，除了提升班组长的能力，我们还需要在组织环境因素上下功夫。首先，在激励方面，建议配套必要的激励机制。例如，评选优秀班组、宣传优秀班组长的故事，树立优秀班组长的典型形象，在全公司范围内宣传、表彰优秀班组长的事迹。在各班组进行业绩排名和公示，以激发和营造大家的团队荣誉感。在激励机制和物质奖励上也做到差异化，将资源向优秀班组倾斜，既给予荣誉，也给予物质奖励等。其次，在资源、信息反馈方面，为了实现绩效目标，也需要您更多的支持，尤其是组织优秀班组长分享自己在带领团队、向下沟通方面的方式方法、心得体会，甚至请优秀班组长作为内部讲师赋能其他班组长，而不仅仅依靠外部讲师。这些都需要您的大力支持。同时，您也可以通过日常督导、教练，针对绩差班组长的积极改变及时给予表扬，针对不足及时给予反馈和辅导。您就是模范榜样，通过您的身体力行、榜样示范去影响这些班组长。对此，您觉得如何？"

郭经理回答："好的，我们一起努力吧！经过我们的分析，我意识到自己需要进一步加强对班组长的指导，并且完善激励方面的措施。到时候我们可以再碰头讨论一下。关于培训方面，请刘经理尽快安排。"

刘经理回应道："没问题，郭经理。我们的目标是一致的。我会在这两天内制定一个具体的培训方案，然后与您详细讨论。"

郭经理表示感谢："非常感谢您的帮助，刘经理！"

为了在培训中促进绩效改进，我们需要具备系统思维能力。通过从组织环境和员工个人的角度进行绩效诊断，我们可以发现问题、分析问题和解决问题。同时，借助绩效需求引导问题清单与业务部门经理进行有效沟通，以制定解决方案。

自我教练和实践 ·······································

1. 以你所在企业某个关键业务部门如销售部、研发部、生产部等的需求为例，结合绩效需求引导问题清单，与该部门经理进行研讨，共同分析需求，共创解决方案。

2. 培训需求调研和分析既要从组织层面和宏观角度，让培训规划做到上承战略，又要从业务层面和中观角度，做到中促绩效，还要从员工层面和微观角度，让培训规划做到下推胜任。那么如何下推胜任？

如何进行员工层面的胜任需求分析呢？

针对高层对培训工作不重视的问题，结合三轮驱动模型的第一步，我们探讨了如何升维思考，使培训规划与战略相契合，分享了在组织层面如何让高管重视培训，以及让培训规划与战略相衔接的方法和工具。同时，我们还探讨了如何进行中维解析，促进绩效提升，如何让业务中层管理者支持和认可培训，并提供了相应的方法和工具。接下来，我们将探讨如何推动胜任能力的提升，实现降维落地。

在三轮驱动模型的第二步中，我们与关键部门经理达成共识，确定了未来重点关注的绩效问题、绩效人群、差距原因及解决方案，并明确了彼此的角色分工。我们将继续推进三轮驱动模型的第三步：如何就员工层面进行培训需求分析，以确保年度培训规划能够有效地推动员工的胜任力提升。此外，我们还探讨了如何支持关键岗位员工持续提升胜任力，从而促进绩效达成和职业发展。

从员工层面和微观角度进行年度培训需求调研与分析时，我们可能会面临一些挑战。其中最大的挑战是员工的态度不积极和敷衍应付，这使得培训管理者处于被动地位。尽管培训管理者通过问卷调研法与基层员工进行了沟通，但常常无法收到回复，或者收到的回复非常随意。此外，员工提出的需求与部门中层管理者和高层管理者的需求存在很大差异，这使培训管理者陷入了尴尬的境地。培训既要满足组织需求，又要满足业务需求，还要满足员工需求，这确实是一项艰巨的任务。然而，事实并非如此。通过年度培训规划的三轮驱动模型，我们可以发现组织、业务和员工需求之间存在着紧密的联系。那么，如何摆脱问卷调研的困境，使员工层面的需求调研分析从被动变为主动，并有章可循、有路径可依？如何将组织、业务和员工三方面的需求有机地结合起来，实现平衡兼顾？如何使培训不再是碎片化的，而是体系化的？接下来，我们将提供一些解决方案。

如何将被动转变为主动，将碎片化整合为体系化，这涉及采用何种方式和方法进行员工胜任力培训需求的调研。我们可能会花费大量资金邀请外部咨询公司进行胜任力分析和建模。然而，最终得出的结果可能并不符合实际情况，从而被束之高阁。我们可以采取关键岗位工作任务分析法，通过与关键业务部门的关键岗位绩优员工进行团队共创分析，结合企业战略和业务发展的需求，针对关键岗位的任务胜任、绩效达成和职业发展，输出具有前瞻性的知识技能图谱和可落地的综合解决方案，从而提升员工的知识技能和工作积极性，获得企业和部门的支持。

调研对象是承接高管访谈和关键部门经理研讨后明确的重点部门的关键岗位，如前文中提到的生产部门的班组长就是这类岗位的代表。我们采用绩效需求研讨法进行需求调研，这种方法的核心在于聚焦问题、分析问题及解决问题。具体来说，当绩效出现问题时，培训管理者将作为内部绩效顾问，引领业务部门经理一起研讨和解决问题。这种方法是以解决问题为导向的培训需求调研分析方法，旨在通过深入研讨和分析，找出问题的根源，并提出有效的解决方案。

值得注意的是，尽管整体绩效已经达到标准，但一些关键部门，如研发部，并未出现绩效问题。作为行远公司未来业务发展和战略目标实现的三大关键部门之一，如何未雨绸缪地赋能研发部，持续打造其核心竞争力，并与时俱进地迭代其关键能力？为此，刘经理可以采用关键岗位工作任务分析法，前瞻性地助力研发部做好人才梯队建设和核心能力建设，以实现高质量人才赋能。虽然方法各异，但目标始终一致，即目标导向、绩效导向、结果导向和输出成果。围绕研发部的绩效目标，行远公司需要提前储备人才，加速人才进化。通过挖掘和识别研发部技术骨干的最佳实践、工作方法、成长路径等，行远公司可以更好地推广、复制和传承这些经验。面对激烈的市场竞争、个性化和多样化的客户诉求及日新月异的技术更迭，研发岗位员工的知识、技能和态度面临着新的要求。因此，行远公司需要提前预判、培养和训练这些能力。在这个过程中，行远公司不能仅仅依靠培训管理者闭门造车，而要获得关键业务部门经理和关键岗位绩优骨干的充分支持。通过工作坊的方式，进行教练引导、追问挖掘和团队共创。通过真实地还原研发部的关键业务流程和关键业务场景，分析高绩效员工的胜任力，行远公司可以输出相应的学习地图和课程体系，从而支撑研发部更系统性、更前瞻性地赋能人才。这将有助于抵御人才断层、青黄不接和能力退化等用人风险，加速整个团队能力的迭代进化，提升团队整体的战斗力，进而提升组织的核心竞争力。

如何将关键岗位工作任务分析法有效地运用到实际工作场景中。我们可以参考关键岗位工作任务分析表，具体示例如表 4-10 所示。

表 4-10　关键岗位工作任务分析表

主要 工作职责	关键 工作任务	优先级 排序	衡量 标准	面临的问 题和挑战	所需的知 识和技能	所需的资源、 工具、政策	解决 方案

如何正确填写这张表格呢？是培训管理者自行填写，还是将其分发给关键部门进行填写？实际上，这两种方式都不正确。由于填写表格所需的专业性较强，因此正确的方法是通过工作坊的方式实现团队共创。那么，工作坊的参与人员又是谁呢？首先，培训管理者作为组织协调者，扮演着重要的角色。其次，关键部门的中层管理人员，如研发部门的经理或主管，也是重要的参与者和内容专家。此外，研发部门的关键岗位技术骨干，同样是重要的参与者和内容专家。最后，人才培养专家兼任引导师和教练的角色也是必不可少的。那么，需要多少人加入工作坊呢？几十人？实际上并不需要。一般来说，采用轻量、敏捷的工作坊方式更为合适。具体来说，一个 6 ~ 9 人的工作小组即可满足需求。这个工作小组由以下成员组成：1 位培训管理者、1 ~ 2 位研发部门主管或经理、3 ~ 5 位研发部门绩优骨干及 1 位人才培养专家。每位小组成员在人才培养专家的引导下，分工明确、各司其职，并进行头脑风暴、团队共创，集思广益、群策群力，最终输出所需内容。

为了确保高质量的内容输出，前文提到的每个角色都至关重要。特别是关键岗位的绩优骨干，他们在实现目标的过程中发挥着举足轻重的作用。因此，选拔合适的人员显得尤为关键。我们必须确保所选人员具备以下特点：首先，所选人员必须是关键岗位的技术能手、业务骨干和领域专家，以及绩优员工。他们应具备丰富的经验和专业知识，能够胜任工作并取得优异的业绩。其次，所选人员的核心能力应具有可复制性。这意味着这些绩优员工在加入企业时，其资质条件与其他员工并没有太大区别。再次，所选人员应具备强烈的逻辑思维能力和敏捷的学习力。他们应善于归纳总结，并能够边学习边输出。这种能力将有助于他们快速适应工作环境并提高工作效率。最后，所选人员应具备高度的意愿度和配合度。当然，意愿度和配合度也取决于企业高管和部门经理的重视程度与支持力度。只有当员工对工作充满热情并得到充分支持时，他们才能发挥出最佳水平，毫无保留地分享。组建专业且投入的工作小组，可以实现小组成员之间的密切联动和通力配合。通过 3 ~ 5 天的敏捷工作坊，我们可以高效地输出内容。同时，我们还将提供关键岗位绩效提升、人才孵化和加速成才的 721 整体解决方案。该方案包括 10% 的学习地图和课程体系、20% 的交流清单以及 70% 的在岗历练清单。

表 4-10 看似简单，实际上具有系统性的内在逻辑。其底层逻辑是以支撑关键工作任务完成和业绩目标实现为导向的。我们以行远公司研发部门的高级研发工程师这个关键岗位为例，详细解析表 4-10 的应用要点。首先，表 4-10 的第一栏列出了高级研发工程师的主要工作职责。这些信息来源于研发部门的职责和高级研发工程师的岗位说明书。其次，第二栏列出了为了履行工作职责，需要完成哪几项关键工作任务。这些信息同样来源于岗位说明书和工作标准操作程序。在岗位说明书中，通常会有多项工作职责和工作任务，我们需要从中遴选出最重要的 3 ~ 5 项进行细化拆解。这是因为我们无法面面俱到，必须抓住关键，将重要事项放在首位，化繁为简，突出重点。第三栏是关键工作任务的优先级排序。根据任务的重要性，按照由高到低的顺序排列，以便在资源有限的情况下帮助我们做出决策。第四栏是衡量标准。我们需要确定如何衡量这些任务是否完成。衡量标准应符合 SMART 原则，即可衡量、可观测的绩效标准是什么。我们要以终为始，注重成果导向，确保效果可衡量，有客观标准，而不是主观标准或凭感觉做决策。第五栏是完成关键工作任务可能面临的问题和挑战。这指的是岗位能手、业务专家、技术骨干在完成关键工作任务时曾遇到的问题和挑战。为了解决这些问题和挑战，在知识和技能方面，我们可以侧重于通过培训方案进行干预；在态度方面，我们可以侧重于前期选拔和配套相应的激励机制来干预和影响。需要注意的是，通过培训手段来改变态度往往是相当困难的，常常事倍功半。因此，培训、课程体系和学习地图的重点应该聚焦于知识和技能的提升。

刘经理与李总、张总共同明确了明年公司重点投资和发力的关键部门，包括销售部门、研发部门和生产部门。研发部门今年整体运行情况尚可，虽然存在一些问题，但大概率能够完成今年的 KPI。张总强调了研发部门的技术能力对公司实现上市和高质量发展的重要性。因此，针对研发部门，如何高质量打造人才供应链？如何持续迭代和进化研发部门的核心技术能力？如何未雨绸缪地打造高质量的研发技术人才梯队？

为了解决这些问题，刘经理与研发部门负责人赵总进行了沟通，并达成了共识：通过对高级研发工程师岗位关键工作任务分析，提升研发岗位整体胜任力，支撑研发部门的技术能力持续进化和迭代，为研发部门打造高质量的人才梯队，持续培养和输送人才，助力提升绩效。

在公司一把手张总和研发部门一把手赵总的高度重视与大力支持下，刘经理组织开展了高级研发工程师关键任务分析工作坊。参与人员包括刘经理、5 位绩优高级研发工程师、1 位资深研发部经理、1 位人才培养专家。经过 3 天的工作坊，输出了工作任务分析成果和解决方案，并获得了张总和赵总的认可。以下是部分成果的样例，如表 4-11 所示。

第一栏，主要工作职责。研发部门的关键职责之一是研发具有竞争力的产品，同时也涉及测试产品等其他职责。在这里，我们以研发具有竞争力的产品作为关键职责的示例进行说明。

第二栏，关键工作任务。要研发具有竞争力的产品，需要完成哪些关键工作任务呢？要进行需求分析、方案设计及样品开发等工作。需要注意的是，尽管高级研发工程师这个职位名称在不同企业中可能相同，但其岗位职责和关键任务却会有所不同。因此，我们不能简单地照搬照抄，而要根据本企业的实际情况进行调整。

第三栏，优先级排序。优先级排序是如何确定的呢？为了研发出具有竞争力的产品，我们必须以需求为导向、以市场为导向、以客户为导向，通过精准的需求分析设计出能够打动客户的方案，并开发出符合客户需求、引领市场的优质产品。只有需求分析做到位，后续的任务才能正确、高效地完成。因此，第一个关键任务——需求分析排在第一优先级。那么，这里的优先级有什么用

表 4-11 行远公司高级研发工程师工作任务分析

主要工作职责	关键工作任务	优先级排序	衡量标准	面临的问题和挑战	所需的知识和技能	所需的资源、工具、政策	解决方案
研发产品	需求分析	第一优先级	• 输出客户需求分析报告 • 内外部客户满意度	• 投诉公司，影响合作 • 经常与销售部发生争执	• 逻辑思维能力 • 沟通能力 • 客户意识 • 协作能力 • 报告撰写能力	• 需求分析报告的标杆样例集 • 与销售部门联动服务大客户的流程	• 客户思维培训 • 沟通技巧培训 • 跨部门协作能力培训 • 内训师机制 • 联动协同成交激励机制
	方案设计	第二优先级	• 输出设计方案 • 内外部客户满意度	• 方案过于理想化，实施成本过高	• 设计能力 • 专业技术 • 成本意识 • 撰写能力	• 设计方案标杆样例集	• 设计能力定期内训 • 成本意识培训 • 成本目标明确
	样品开发	第二优先级	• 输出样品 • 内外部客户满意度	• 开发样品周期长，满足不了客户需求	• 开发能力 • 问题分析与解决能力	• 开发软件	• 敏捷开发技术内部分享 • 开发新软件的正式培训 • 边干边学 • 技术难题群策群力解决和复盘总结 • 先进技术的持续学习机制
测试产品							

途呢？它是为了后续决策而设定的。因为培训解决方案涉及人力、物力和财力的资源分配，而这些资源是有限的。如何进行合理的资源分配呢？这里的优先级排序可以帮助我们做出决策：将有限的资源优先投入高优先级的任务上。

第四栏，衡量标准，即如何判断需求分析是否做好了呢？我们可以从以下两个方面进行衡量：首先，能否输出客户需求分析报告；其次，分析报告是否能够得到内外部客户的认可，使客户满意度达到 90 分以上。外部客户指的是提出需求的客户，而内部客户则是指大客户销售代表，他们负责商务谈判、维护客户关系及促成商务合作。

第五栏，面临的问题和挑战。例如，外部挑战包括客户投诉工程师、沟通能力不佳。在现实中，许多工程师在与客户沟通时过于直接、表达生硬，导致客户不满意甚至投诉。此外，他们与销售代表的沟通也存在问题，经常发生争执甚至争吵，影响了内部沟通效率、工作氛围和项目进度。

第六栏，所需的知识和技能。为了胜任任务、解决难题、应对挑战，需要具备哪些知识、技能？除了硬技术，如 Python、C++、JAVA 等开发技术外，还需要具备逻辑思维能力、问题分析和解决能力，以及沟通能力、客户意识、协作能力和报告撰写能力等软实力。这些知识和技能不仅要确保任务完成，还要解决当前和未来面临的痛点和挑战。沟通能力、客户意识和协作能力恰恰是薄弱环节。

第七栏，所需的资源、工具、政策。除了员工需要具备的知识、技能之外，从环境因素上需要配套哪些资源、工具、政策，以协同支持关键工作任务的完成和绩效目标的实现？例如，可以为大客户销售代表提供需求分析报告的标杆样例集。由于客户和行业的不同，撰写分析报告需要耗费大量的时间和精力。提供最佳实践的案例集和样例集，能够显著提升报告撰写的质量和效率。同时，明确和优化与销售部门联动服务大客户的流程，并配套相应的激励机制，如授权项目经理对工程师的配合度进行评估和奖励。

第八栏，解决方案。该解决方案既包括培训方案，也包括非培训方案。在培训方案中，客户导向的沟通力赋能被视为第一优先级。为了实现这一目标，我们可以采用多种赋能方式，如面对面线下培训、线上学习、直线经理辅导及优秀内训师的经验分享等。此外，非培训解决方案也提供了多种机会。首先，我们可以建立和完善经验分享与在岗辅导机制，如导师机制和内训师机制。其次，研发部和销售部的联动协同机制及项目制的完善也非常重要。通过将工程师和销售代表组成阿米巴式的经营单元，大家可以共同承担责任并分享利益，从而更好地培养工程师的客户思维和经营意识。同时，我们还应配套和完善相应的激励机制，以增强跨部门协同意识，提升员工的工作积极性。另外，有些知识技能并非孤立存在，而是相互联系的。因此，我们可以将多项知识技能进行整合。例如，在设计方案这个关键工作任务中，我们可以将关于设计能力和成本意识提升的培训与非培训方案进行整合。工程师在设计方案时应明确成本目标，确保方案具有高性价比且易于执行落地。

在员工层面和微观角度上，我们采用关键岗位工作任务分析法进行员工胜任力分析，并输出相应的解决方案，以确保培训规划能够有效地提升员工的胜任能力。在运用关键岗位工作任务分析法时，培训管理者需要具备跨界领导力，能够组织关键部门和关键岗位的利益相关者，并甄选出合适的人员参与工作坊。通过深度研讨和团队共创的方式，我们可以集思广益、群策群力，从而高质量地输出成果。上述案例中的成果都是通过高质量的引导探询、团队共创和教练辅导输出的，这需要投入一定的时间。然而，根据多年的实践经验，通过敏捷工作坊的方式，我们一般只需要 3 ~ 5 天的时间就能够输出一个关键岗位工作任务分析的成果。这个成果具有持久的生命力，可以在未来 3 ~ 5 年内持续赋能组织、业务和人才。当然，随着市场需求的变化，我们也需要每年进行复盘优化和更新迭代。为了输出高质量的成果，岗位能手和兼任引导师及教练角色的人才培养专家尤为关键。我们可以借助外部专家的力量来敏捷地输出成果，包括企业关键岗位的工作任务分析表和 721 整体解决方案。针对解决方案的落地实施，我们可以拆解课题，分析哪些课题可以通过内训师交付，哪些需要通过外部师资落地；哪些采取线上方式，哪些通过线上线下混合方式落地；以及哪些需要配套导师制、师带徒机制、挑战项目历练、轮岗锻炼和影子计划、知识库、案例库、社群答疑、AI 答疑等绩效支持工具。

自我教练和实践 ●●

以你所在企业的某个关键岗位为例，结合工作任务分析工具表，与该岗位绩优员工代表、岗位主管或经理等进行工作坊研讨，输出工作任务分析表，并共创和共识 721 解决方案。

如何制定年度培训规划呢？

在制定年度培训规划时，我们经常面临三大难题：一是如何平衡有限的培训预算，二是制定培训规划时应秉持什么原则，三是如何评估培训效果。

针对第一个难题，我们需要注意以下四大事项，具体如图 4-19 所示。

要事第一
学习项目：抓大放小
亮点工程
关注 70%

资源整合
师资资源：内外结合
内训师体系

多元组合
学习模式：721 组合
OMO 组合

体系支撑
学习地图：不重复
不浪费
高 ROI

图 4-19　平衡培训预算的四大注意事项

第一，要事第一。这意味着我们需要与高层管理人员进行深度访谈，确保培训规划与企业战略紧密相连，明确年度培训规划的重点和投资方向。这些重点主要集中在对企业发展具有重要影响的关键部门和关键层级。接下来，我们将与这些关键部门的经理和主管进行深入研讨，全面分析他们的绩效差距。我们将明确哪些人员是关键部门中需要优先进行培训的，以确保他们在培训过程中能够提升自身的胜任力，从而更好地胜任工作、提高绩效。

例如，行远公司的关键部门之一是销售部，而销售部的关键岗位则是大客户销售代表。为了顺利实现公司上市的目标，大客户销售代表需要进一步提升销售业绩，以确保公司业绩持续增长并赢得市场青睐。因此，刘经理的重点工作之一是为大客户销售代表持续赋能，将其作为重点项目，以创造亮点和成效。在大客户销售代表中，绩优员工约占 10%，中等业绩员工约占 70%，而业绩较差的员工约占 20%。值得注意的是，70% 的中等业绩员工恰恰是人才赋能的重点。因为他们是公司最大体量的一部分人群，如果他们每个人的业绩都有所提高，整个公司的销售业绩也将得到提升。因此，公司应该优先抓住这个大体量人群进行赋能，以支撑公司整体销售业绩的提升。针对大客户销售代表的胜任力，公司需要关注以下几个方面：产品解析力、客户需求洞察力、为客户提供针对性解决方案的能力以及客户异议处理能力等。为了对标绩优员工，公司需要先深入分析绩差、绩中和绩优员工之间的差距，以及产生差距的根本原因，然后就可以采取精准的措施，查漏补缺，将资源投入最需要的地方。

第二，资源整合。我们需要通过深入的调研和分析，明确我们的核心能力短板，并针对这些短板进行相应的资源整合。那么，如何以高效的方式进行资源整合呢？我们需要通过内外结合的方式，双管齐下。

例如，行远公司针对大客户销售代表进行赋能，一个很好的资源就是内部的销冠。销冠通过复盘、萃取成功经验，输出最佳实践、精品课程、成功案例、销售技巧，既可以赋能 70% 绩中和 20% 绩差的销售代表，又可以为组织萃取、沉淀、传承最宝贵的知识资产、智慧财富，做好知识管理，还可以为公司复制人才、改进绩效。同时教学相长，教是最好的学，销冠通过复盘、总结、分享，用输出倒逼输入，深入思考，系统总结，不断精进自身的专业力、思维力、表达力、领导力等综合能力，通过历练使自己成为复合型人才。行远公司从中也能识别出业绩好、善于深度思考和归纳总结、愿意无私分享、影响和成就他人等具备这些领导特质的销售管理未来之星。通过整合内部资源，可能不花钱，或花小钱办大事。通过将销冠打造为金牌内训师的项目，可以一次投入多次产出，既授之以渔，赋能销冠如何进行经验萃取，如何开发贴合业务、助推绩效提升的精品课程，如何教会他人的方法，又授之以鱼，通过内训师项目直接输出多门助力业绩提升且有针对性的精品课程、成功案例集、技巧宝典，即学即用即输出，将有限的培训预算最大化。

第三，多元组合。通过人才培养的 3E 模式，采用 721 学习法则将有限的资源最大化、最优化。

例如，行远公司的大客户销售代表的赋能方案设计采取了多元组合方式。该方案不仅包括了外部专家培训授课等 10% 的课堂方式，还设计了 20% 的交流方式。在该交流方式中，绩优和绩中的销售代表将组队进行团队学习、相互分享、复盘成功案例和失败案例，以总结经验教训。此外，公司还策划了通过销冠兼做金牌内训师的内训师机制，以创造与高手交流切磋、互相学习的平台；设计了 70% 的干中学方式，通过在岗学习、在岗指导、微行动学习和训战结合的方式解决了工学矛盾的问题。

在这些方式中，课堂方式需要预算，而其他方式基本不需要或以较小的成本实现较大化的效果。在数字化时代背景下，公司可以采用 OMO 线上线下、混合式、一体化、AI 智能化、AI 陪练、游戏化的学习模式，充分利用碎片化时间进行体系化学习。这样可以减少线下集中的预算成本、时间成本和机会成本，并在一定程度上解决工学矛盾的问题。

第四，体系支撑。要梳理关键岗位的学习地图、课程体系。

例如，行远公司针对大客户销售代表的学习需求，优先制定了学习地图和课程体系，以避免重复学习相同或相近的内容。尽管关于谈判技巧的培训已经进行了多次，但实际上，销售代表最需要的是有效拜访大客户、挖掘需求以及撰写针对性解决方案的方法和技巧。基于自身的成长路径，销冠成功提炼出了学习地图和课程体系，这在很大程度上能够加速其他销售代表的成长并助力业绩提升。经过系统规划的学习地图和课程体系能够确保不重复学习相同的内容，避免浪费宝贵的培训资源，为投入产出最大化创造了必要条件。

解决了第一个难题后，接下来我们来了解年度培训规划制定的原则，如图4-20所示。

| 01 | 02 | 03 |
| 以终为始 目标导向 | 客户化思维 项目化运作 | 张弛有度 专业取胜 |

图4-20　年度培训规划制定的原则

第一个原则，以终为始，目标导向。

在制定年度培训规划时，刘经理始终以成果导向和业绩导向为准则。赋能销冠的内训师项目的目标之一是输出销售代表能够学以致用、极具实战性和实操性的精品课程；销售代表精准挖掘需求实训的目标之一是输出挖掘需求的黄金提问技巧、问题清单等；销售管理人才梯队项目的目标是输出30名销售经理候选人。以销售管理人才梯队项目为例，首先需要对现有销售管理者的数量和质量进行盘点，并围绕未来 1 ~ 3 年的业务发展目标，分析还需储备多少位销售管理者，找出数量和质量之间的差距。如果缺少 10 名销售经理和 5 名销售总监，不能仅仅满足这些需求，还需要有一定的富余量。根据历史数据中的 3:1 选拔率，意味着至少需要储备 30 名销售经理候选人和 15 名销售总监候选人进入人才蓄水池，参与人才梯队建设项目，进行销售管理者的人才储备。当行远公司开始向新区域拓展并需要销售管理人才时，刘经理能够立即为公司提供相应的候选人，避免再次陷入无人可选的尴尬境地，解决过分依赖外部空降的问题。

效果评估是一个闭环过程，没有明确的目标就无法进行评估。在进行效果评估之前，首先需要制定目标，即明确 SMART 的工作目标。具体而言，每个学习项目的目标都应具备以下特点：具体、可衡量、可达成、与业务发展和业绩目标密切相关，并且有明确的时限。这样的工作目标能够确保培训规划的有效性。

第二个原则，客户化思维，项目化运作。

行远公司的刘经理应始终秉持客户化思维，这里的客户既包括公司内部的员工，也包括外部的合作伙伴。以销售经理人才梯队项目为例，首先需要明确优秀销售经理的标准是什么？公司以内部优秀的销售经理为标杆来建立标准，并分析他们具备哪些关键能力素质。同时，公司还需与同行业优秀的销售经理进行对标，分析自身在能力素质方面与他们存在的差异，以便发现自己所欠缺的能力。此外，公司还应了解客户对优秀销售经理的期望和需求。通过多维度进行销售经理人才标准的建立、对标和达标的项目化运作，公司可以从项目管理的角度，遵循以终为始、目标导向的原则，在项目运营的前、中、后全生命周期进行专业化运营。

第三个原则，张弛有度，专业取胜。

刘经理在制定年度培训规划时，需要系统思考721、OMO、混合式学习、数字化、AI智能化、游戏化等模式，并考虑项目落地的节奏。例如，在避开行远公司销售和生产旺季的同时，合理安排培训，持续赋能，解决工学矛盾的问题，以达到张弛有度的效果。

以销售经理人才梯队项目为例，刘经理可以通过有效组织和专业引导，采用工作任务分析工作坊的方式，明确销售经理的储备人群已具备哪些能力，还欠缺哪些能力。这样可以聚焦能力短板，精准赋能，将资源投入最需要的地方。这需要刘经理具备综合专业力，以及与业务部门进行联动共创的跨界领导力。

在明确了年度培训规划制定的三大原则之后，接下来我们需要探讨如何撰写一份详尽且实用的年度培训规划书。年度培训规划书6W3H撰写结构如图4-21所示。

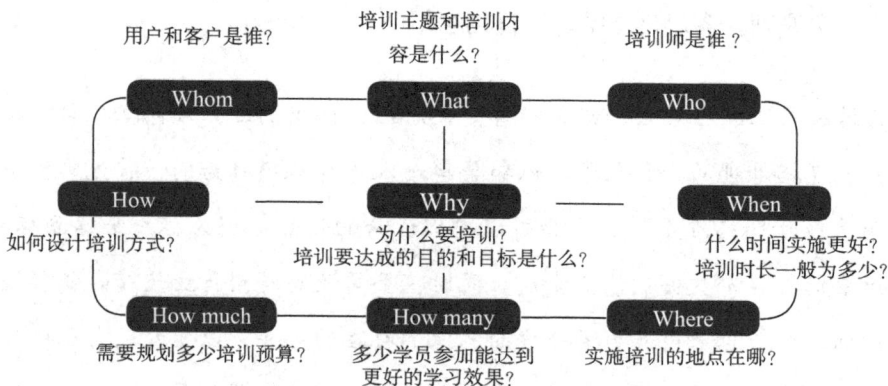

图 4-21　年度培训规划书 6W3H 撰写结构

What1，确定培训主题。每年需要确定几个关键学习项目。

例如，行远公司今年的重点之一是内训师项目。首先，我们可以运用营销思维来给这个项目拟定一个有吸引力的项目名称，如"师者荣耀——王牌内训师赋能实训营"。当然，具体的项目名称可以根据企业文化的差异而有所不同。

What2，厘清培训内容。要厘清具体培训什么，以达成项目目标。

例如，行远公司的内训师项目要避免一个坑：仅仅培训 TTT 演绎呈现技术，而忽视了课程开发技术的重要性。如果只注重培训演绎呈现技术，那么即使公司花费了大量的时间和精力，最终内训师仍然没有课程可讲，这样的内容设计是无效的。

正确的内容设计应该是首先赋能敏捷课程开发和经验萃取技术，确保内训师真正掌握了敏捷课程开发的方法。然后，通过微行动学习的方式，让内训师能够输出自己擅长且公司需要的精品课程。只有这样，内容设计才真正有效。

总之，设计的学习内容要具有实用性、实效性、实操性。

Why，明确项目目标。这并不仅仅意味着我们需要设计一个吸引眼球的项目名称，更重要的是，我们需要从最终目标出发，设定成果导向的项目目标。我们需要深入思考为什么要开展这个学习项目，以及这个项目能够为企业带来何种价值。

例如，行远公司的内训师项目旨在为企业培养 20 位卓越的内训师，并开发 20 门高质量的课程。这些举措旨在为企业的研发、生产、销售等关键业务提供支持，提升组织能力，沉淀组织智慧，改进组织绩效，加速人才培养。通过传承企业最宝贵的知识资产和经验财富，行远公司致力于打造一个学习型组织，并培养一支具备实践能力、写作能力和演讲能力的内训师队伍。同时，行远公司还将致力于建设、运用和激励这支优秀的内训师队伍。另外，行远公司还计划开展销售管理人才梯队项目，旨在为销售部门培养管理人才，避免人才断层和青黄不接的问题。为了实现这一目标，公司可以设定以下具体目标：通过为期 6 个月的销售管理人才梯队行动学习项目，为公司快速培养 30 名销售经理候选人。只有明确设定符合 SMART 原则的项目目标，才能确保项目的最终效果得到实质性的验证。

Whom，确定用户和客户。我们必须先明确用户和客户的身份。以互联网思维来考虑，客户是那些提供资金、人力和物资资源支持的 CEO 和高管。而用户则是最终参与学习项目的学员。作为培训管理者，我们必须始终以目标为导向，充分考虑客户和用户的需求，并将二者的需求相结合。在此基础上，我们需要精准定位学习项目的目标受众，确保其符合强相关原则。如果学员所学的内容与其工作成长、职业发展和绩效提升没有紧密关联，他们的学习态度通常不积极。因此，我们必须确保学习项目的内容与学员的职业发展密切相关，以满足他们的需求并激发他们的学习热情。

例如，行远公司内训师项目的客户包括公司高层领导张总及研发、生产和营销部门的负责人。在项目初期，人力资源部的李总和刘经理通过与高层领导的深入沟通，充分展示了内训师项目的价值，从而赢得了高管的高度关注和支持。只有得到高管的重视，公司才能确保选拔出合适的人选担任内训师，并参与到该项目中。为了确保内训师项目的顺利进行，公司对参与人员进行了严格的选拔。选拔标准主要包括以下三个方面：首先，参与人员应为研发、生产、销售等关键部门和关键岗位的绩优骨干，且具备扎实的专业能力和丰富的实践经验；其次，参与人员应愿意无私地分享知识和经验，并乐于影响和帮助他人取得成功；最后，参与人员应具备良好的逻辑思考能力、敏捷学习能力、归纳总结能力和清晰表达能力。在内训师项目的选拔过程中，公司将秉持优中选优的原则，确保选出最合适的人员参与其中。

How many，设定学员人数。许多人认为人数越多越划算，这种观点并不正确。许多高管可能忽略了一个重要的事实：学习项目就像投资一样，只有将资源投入正确的人身上，才能获得产出。如果投入的方向错误，不仅会浪费金钱，还会浪费大量的时间。此外，资源分散也会导致整体效果不佳，实际上更加不划算。

例如，在行远公司的内训师项目中，线下培训吸引了 50 多人参加。尽管人均成本看似降低，但其中 30 多人并非内容专家。他们在培训过程中频繁低头刷手机或进出接电话，这不仅浪费了时间，还影响了那 20 名真正需要培训的学员的学习体验和效果。

另外，在销售经理人才梯队项目的培训环节中，不仅派出了 30 名候选人参加，还临时邀请了另外 20 名工作相对轻松的销售代表。虽然这样做可能看起来更加划算，但实际上却稀释了宝贵的培训资源。同时，这 30 名重点培养的候选人无法感受到专属感和荣誉感，没有得到应有的关注，从而影响了他们的参与度，严重削弱了学习效果。而那 20 名临时被派来的学员，由于目前的工作基本用不上所学内容，不仅耽误了工作时间，还浪费了宝贵的资源，实在是得不偿失。

How，设计培训方式。培训方式的设计原则依然是以终为始，目标导向。结合学习项目的背景、目的和目标，要从定性、定量的角度进行设计。培训管理者要与关键利益相关者如高管充分沟通，达成一致意见。

例如，行远公司的内训师项目采用了一种独特的评估方式，即"出人出课"。该项目的目标是产出 20 门紧密贴合业务发展的精品课程，并培养和保留 20 名能够为关键岗位提供赋能支持的内训师。通过这种方式，行远公司成功地从无到有、从 0 到 1 地打造了一支专业的内训师队伍。为了确保项目的顺利进行并达到预期效果，公司在交付方式上设计了一种项目制运作模式，包括前期准备、工作坊赋能、实战训练、教练辅导等环节。这种模式旨在确保项目的各个环节都能得到有效的实施和管理。再以行远公司的销售管理人才梯队项目为例，公司设定了短期和中长期的成功标准。短期标准是 30 名销售经理候选人能够通过最终的内部人才评估；而中长期标准则是在 2 年内，有 10 名候选人能够成功晋升为销售经理。这些标准旨在验证培训效果及项目的成功与否。然而，公司深知，仅靠培训部门的单打独斗是无法实现这一目标的。公司需要业务部门的密切配合和支持。因此，公司的效果评估不仅仅局限于学习发展部，还涵盖了整个项目的所有参与者。此外，公司还认识到，能否成功晋升并胜任销售经理岗位，还需要销售部门经理甚至销售总监作为学员的教练和导师，持续提供支持，给予学员反馈和辅导。培训部门和销售部门形成了责任与利益共同体，共同评估项目的成果。通过这种方式，公司解决了培训部只是被动接受评估的问题。

Who，确定培训师。谁是该项目的最适合人选？

以内训师项目为例，该项目需要具备丰富实战经验的外部专家进行专业把控、整体赋能和教练辅导。同时，公司培训部门和业务部门应组成联合项目组，通过内外联盟联动、通力配合和合力协同，确保项目目标的高效达成。

When1，明确培训时间。公司要充分考虑业务节奏，并错峰安排培训，以避免与营销、生产等业务旺季相冲突。同时，要具备前瞻性思维，以规避可能出现的工学矛盾问题。

例如，相较于第一季度的春节和第四季度的冲业绩，第二、第三季度更适合安排学习项目。当然，具体的安排应根据各行业和公司的实际情况进行灵活调整。此外，还要注意避免将所有培训都安排在员工休息的时间进行，如下班后、周末和假期。偶尔为之可以理解，但频繁地将培训安排在这些时间会导致员工的反感和抵触，甚至将其视为一种惩罚。

When2，设计培训时长。培训时长应根据具体项目而定。

例如，内训师项目的培训时长会因项目目标的不同而有所变化，短则持续2～3天，长则持续4～8天，跨度一般为1～3个月。然而，目前公司的普遍需求是追求快捷高效的培训效果。在此过程中，存在三大误区：挤压主义、干货主义和听课主义。首先，挤压主义是指盲目压缩培训时间，如将原本需要一天的时间压缩为半天，但内容却不减少。结果导致讲授过多，互动、思考和练习的机会太少，从而影响培训效果。其次，干货主义是指认为干货越多越好，结果导致学员无法吸收和转化过多的干货知识。过多的干货内容可能会超出学员的接受能力，使其无法有效应用所学知识。最后，听课主义是指不注重互动和活动，讲师纯粹讲授，学员纯粹听讲。这种培训方式将变成单向传递的讲座形式，缺乏深入思考、互动交流、思想碰撞、参与体验的机会，从而无法取得良好的培训效果。

Where，培训地点。确定培训地点是一个重要的环节。对于1天以上的技能类培训，我们建议采取面对面线下培训的方式，即脱产培训。这种方式可以为学员创造条件，让他们暂时从工作中脱离出来，静下心来专注学习。正如俗话所说，"磨刀不误砍柴工"。

例如，内训师项目通常选择外部场地进行封闭式培训。这样做的目的是确保内训师能够更高效地出课、出人、出成果。

How much，培训预算。要明确用多少预算来达成项目目标和预期效果。前文已经介绍了平衡预算的四大注意事项，总结起来就是以最小的投入获得最大的效益，将资金用于最关键的方面。同时，前文也提到了与项目关键人如高管就项目的投入产出和成功标准提前达成共识的重要性。

以行远公司内训师项目为例，衡量其成功与否的标准包括以下几个方面：首先，是否能够高效地开发出符合业务发展需求的精品课程，预计产出20门这样的课程；其次，是否能够输出并保留20名具备赋能关键岗位人才的优秀内训师；最后，是否能够为行远公司从无到有、从0到1打造一支强大的内训师队伍。

以上是6W3H结构化思维和方法的具体落地步骤，可以进一步形成年度培训规划书的工具表单，如表4-12所示。

表4-12　年度培训规划书工具表单

培训主题 What1	培训内容 What2	项目目标 Why	用户和客户 Whom	学员人数 How Many
师者荣耀——王牌内训师赋能实训营	• 敏捷课程设计与开发 • 魅力授课与教学呈现	• 加速人才培养 • 沉淀和传承组织智慧	销售部、研发部、生产部的业务骨干、管理精英	20人
培训时间 When 1	培训时长 when 2	培训方式 How	培训师 Who	培训地点 Where	培训预算 How much
20××年第二季度	根据具体项目而定	线上线下混合式	外部培训师	优选外部酒店，封闭式集训	××万元

What 1，经过深入的调研和分析，行远公司的刘经理发现销售部、研发部和生产部存在一个共同的关键需求，即进行人才梯队建设，提升核心能力，加速人才成长，以提高团队绩效。为了满足这一共性需求，公司可以挖掘内部高手的能量和智慧，通过经验萃取、方法复制、知识共享、智慧传承和知识管理等方式，将这些宝贵的资源转化为团队的共同财富。明年公司可以设计一个重点培训项目，项目名称为"师者荣耀——王牌内训师赋能实训营"。

What 2，在内容设计上，刘经理充分听取了外部教练王老师的建议，成功规避了——只做传统内训师赋能TTT，只关注怎么克服紧张、登台演绎、表达呈现，而忽略了内训师的硬核技术——内容提炼、经验萃取、教学设计、输出精品课。结果是时间、金钱都花了，可内训师还是没课可讲，没有输出内容，没有提炼可复制的成功方法。因此，刘经理在内容设计上，重点聚焦敏捷课程设计与开发、经验萃取的关键任务场景。在此基础上，提供内训师交互式、生动化的教学手法和授课技巧，帮助内训师将枯燥的专业内容讲得深入浅出、通俗易懂，达到更好的培训效果。

Why，根据行远公司的三年发展战略和关键部门的共性需求，公司决定将销售部、研发部、生产部的销售精英、技术专家、生产能手和管理精英培养成为内训师。这些内训师将萃取核心经验，提炼成功方法，并分享最佳实践。公司将输出 20 名具备出色能力、善于写作和授课的内训师，使他们为组织、业务和人才赋能。同时，公司也意识到能力的迭代升级和思维的重塑是必要的，因此必须提前做好准备，不断沉淀和传承最宝贵的知识财富。

Whom，公司采用部门推荐和员工自荐相结合的方式，严格甄选内训师。选拔标准包括意愿度、稳定性、业绩排名、专业力、思维力、表达力等。经过层层筛选，公司最终确定了 20 名适合的人选。这些人选来自销售、研发和生产部门，他们分别是销售高手、技术骨干、生产能手和管理精英。

How many，刘经理主张，我们不应追求人数的多寡，而应注重质量的提升。他建议公司采取精品小班的模式，通过优中选优的方式，并根据设定的选拔标准，挑选出最合适的人才。他强调，只有选对了人，才能做好事，才能创造出显著的效果，才能打造出爆品。经过严格的筛选，最终公司从销售、研发、生产等关键部门中，选出了 20 名德才兼备的员工进行专项训练，以确保他们能够有效地输出成果，从而提升团队实力和业务水平。

When 1，根据行远公司的业务节奏，刘经理与各部门进行了充分的协商和讨论，最终决定将培训时间安排在业务相对不繁忙的第二季度。

When 2，在时间规划上，刘经理考虑到工学矛盾的问题，设计了两套方案，方案 A 计划在 2 ~ 3 天内完成，优先选择周四、周五和周六进行，需要占用一天的周末时间，以便集中开展培训。最后一天将用于验收成果。方案 B 则计划在 4 ~ 6 天内完成，分两次进行，时间间隔最多不超过两个月。这两种方案输出的内容也有所不同，方案 A 重点输出 30 分钟以内的微课程，而方案 B

则重点输出 1 ~ 2 小时的课程。

How，在效果评估方面，要实现"出课出人"的项目目标。这包括为公司培养和保留 20 名绩优内训师，他们能够立即赋能他人，同时也为公司萃取、沉淀 20 门精品课程。这些课程汇集了 20 名绩优骨干人才多年的核心经验和实践方法的精华，是宝贵的知识资产，同时通过内训师的萃取、分享和传承，得以保值增值。刘经理和项目组共同设计了项目的通关、成果展示和验收环节。在项目结营仪式上，刘经理邀请了高管来验收项目成果。同时，这也为 20 名内训师提供了展示和锻炼的平台与机会，充分展示了项目的成果，包括 20 门优质课程的成果，以及 20 名内训师的授课风采。为了达成项目目标，培训部的刘经理和人力资源部的李总在项目设计上采取了线上线下 OMO 混合式、数字化、项目制的运作模式。通过线上开营仪式，他们与学员明确了目标并布置了微任务，将学习任务前置，使学员提前做好准备。他们开展了线下实训，在赋能方法论的同时，边学边干边输出。他们还布置了课后实践作业，并通过线上或线下的进一步教练辅导形成了闭环，确保项目目标的达成。

Who，要达成目标，做出成效，往往需要借助外部智囊，实现内外结合、强强联手。外部教练作为内训师赋能专家，内部兼职讲师则担任内容专家的角色。外部教练的优势在于他们拥有简洁实用的方法论、丰富的实战操盘经验和熟练的教练辅导技术，能够帮助内部兼职讲师快速赋能并输出成果。因此，经过多家对比后，刘经理确定了一家靠谱的培训机构。

Where，因为外部集训更容易使学员集中精力，从而快速输出成果，而在公司内部培训中学员很容易受到各种干扰，无法集中精力。因此，刘经理建议优选外部高性价比场地进行培训。根据预算情况，公司可以根据实际需求进行灵活调整。

How much，公司要明确用多少预算来达成项目目标和预期效果。

自我教练和实践 ••

以你所在企业年度或半年度为周期，结合培训规划书表单工具，梳理年度或半年度培训规划方案。

打造第四支柱：如何敏捷建设经营体系（下）——敏捷学习项目管理的三个锦囊

本节旨在实现三大目标：首先，明确打造高影响力学习项目的四大关键要素，以确保项目效果的可靠性。其次，提供一套学习项目管理的全景图，以使项目的实施更加有条理和有路径可循。最后，解决培训界最棘手的问题之一，即如何评估学习项目的效果。

第一个锦囊：敏捷项目管理的四大关键要素。

首先，我们要思考以下问题。

1.在学习项目中，最令人沮丧的情况莫过于投入了资金，却无法取得理想的效果。面对这种情况，我们应该如何应对？

2.培训结束后，向领导展示学员的反馈表以证明培训效果是否可行？仅仅依靠学员的高评分，就能使领导满意吗？如果领导不认可，我们又该如何处理？

3.只要培训机构和培训讲师可靠，培训就一定不会出错吗？我们是否可以这样与领导沟通？

带着这些问题，接下来我们一起探讨打造高影响力学习项目的四大关键要素。

第一，高管参与很重要。这并非意味着对高管唯命是从，而是要善于利用高管的影响力。无论是哪个关键学习项目，要想高效地实现项目目标，高管的重视和支持都是不可或缺的。

以行远公司的内训师项目为例，这是一个由公司高管直接参与推动的项目。公司首席执行官张总不仅是企业的首席人才官和首席组织官，还是学习项目的最大支持者和最重要的利益相关者。在一些关键学习项目中，如行远公司的销售管理人才梯队项目，高管既是项目的发起者和需求提出者，又是项目最终效果的评估者，甚至可能成为项目中的重要参与者。

在整个学习项目的开展过程中，尤其是在项目的初期阶段，如果没有高管的参与和支持，那么项目的最终成果将很难得到保障。然而，有人会提出疑问：高管通常都非常忙碌，他们怎么可能有时间参与学习项目呢？这就对培训管理者的影响力和专业能力提出了考验。培训管理者面临的挑战在于是否敢于并且善于与高管沟通。前文介绍了高管访谈 GPS 三步法，该方法教会我们如何进行自我教练，以及如何跨界影响、向上管理。运用这些技巧，我们能够升维思考，从价值创造的角度抓住诉求并达成契合。高管的支持是项目成功的必要但不充分条件。

第二，直线经理的角色至关重要。直线经理在项目的成功与否中扮演着关键角色。这是因为直线经理是学员的直接上级，他们的参与度和支持程度直接影响着项目的效果。

以行远公司的内训师项目和销售管理人才梯队项目为例，选择哪些员工参加项目及是否选择了合适的人员？在参训之前，直线经理是否与员工进行了充分的沟通，明确了期望：为何要派他参加？是否提出了期待：如何将所学转化为能力、业绩？如何学有所成，为团队和组织做出贡献？这些都需要直线经理提前与员工充分沟通，确保员工明确目标而不是模糊不清地去参训。在效果落地和转化方面，直线经理是否鼓励和督促员工将所学应用于实践，是否关注员工的行为改变并及时提供反馈。

第三，以终为始的思维至关重要。在本书中，我多次强调了以终为始的重要性，这是高效能人士必备的思维习惯。无论是专业的培训管理者还是业务管理者，都必须养成以终为始、用未来的眼光看待现在的思维习惯。学习项目只是手段，而非目的，其存在的意义在于服务于更高层次的目标。那么，学习项目的目的是什么呢？它旨在赋能组织、业务和人才，为企业打造一条源源不断的人才供应链，持续输送专业人才和管理人才，这些人才不仅认同企业文化，而且具备专业和管理知识与技能。因此，学习项目必须能够输出无形和有形的双重成果。那么，如何实现并保障这种双重成果的输出呢？这正是下文所要探讨的问题。

第四，前期设计的重要性不容忽视。在设计学习项目时，我们需要用心去思考和规划。这意味着我们要关注客户的需求，以深入了解客户的痛点、痒点、难点、卡点和堵点。同时，我们还要掌握如何为客户创造身临其境的体验，从而提供更加贴合客户需求的学习项目。

学习项目的核心目标是解决实际问题。在项目的初期设计阶段，我们需要以实际问题为线索，以业务场景为依托。实际问题可以分为两种类型：一种是有问题也有答案的良构问题，另一种是有问题但无答案的病构问题。由于问题的性质不同，学习项目的设计方案也会有所不同。针对不同类型的问题，我们可以通过设计不同的学习项目，引导学员共同分析、研讨和解决现实问题。在这个过程中，我们可以提升学员的能力，激发他们发生积极正向的改变。这种做法不仅能够让直线经理认识到学习项目可以助力解决现实的业务问题，也能够让高管意识到学习项目与业务发展、组织绩效、人才梯队密切相关，并且能够支撑和助推战略落地。只有通过这样的方式，学习项目才能得到各方关键利益干系人的关注、参与和支持，从而确保项目的效果。

第二个锦囊：敏捷学习项目管理的全景图。

第一个锦囊是关于高影响力学习项目的四大关键要素，这些要素主要侧重于道的层面。道是指理念、规律和原则，它在学习项目管理过程中起着至关重要的作用。理念先行，因为认知决定了一切。然而，仅仅依靠道是不够的，术也是非常重要的。术指的是能力、方法和策略。《孙子兵法》中有一句话："道为术之灵，术为道之体；以道统术，以术得道。"这句话的意思是，道就像是心灵和头脑，而术则像是身体和手脚。心灵和头脑指挥着身体和手脚的行为，而身体和手脚的行为反过来又能够启发心灵和头脑的智慧。这就是所谓的身心合一。因此，道和术的结合非常重要。下面将介绍一些关于"术"层面的方法和工具——学习项目管理 IPDC。

学习项目管理 IPDC 全景图如图 4-22 所示。

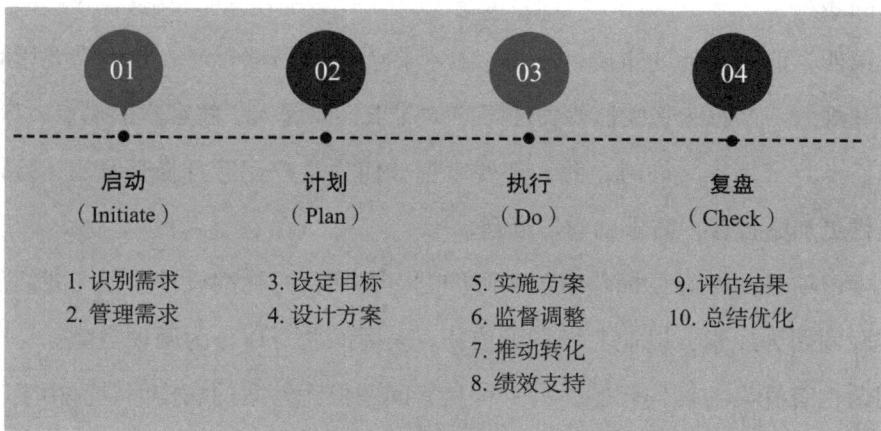

01	02	03	04
启动（Initiate）	计划（Plan）	执行（Do）	复盘（Check）
1. 识别需求 2. 管理需求	3. 设定目标 4. 设计方案	5. 实施方案 6. 监督调整 7. 推动转化 8. 绩效支持	9. 评估结果 10. 总结优化

图 4-22　学习项目管理 IPDC 全景图

如何运用学习项目管理 IPDC 全景图来有效管理学习项目？学习项目同样属于项目管理范畴，因此学习项目管理仍然遵循一般项目管理的底层逻辑、原理、流程和方法。首先，我们需要了解整体的项目管理动作有哪些。一般来说，项目管理可以分为四个关键阶段：启动、计划、执行和复盘。每个阶段都有细分的关键管理动作，总共可以分解出十个关键管理动作。这四个阶段和十大动作相互关联，相辅相成。只要高质量地完成各个阶段的关键动作，就能够提高学习项目的成功率。

第一，启动阶段。这个阶段既重要又有难度，因为"万事开头难"。在这个阶段，我们需要关注两个关键的管理动作：识别需求和管理需求。

第二，计划阶段。在这个阶段，有两个关键管理动作：设定目标和设计方案。通过启动阶段的识别需求和管理需求，我们可以设定学习项目的目标，并与关键利益相关者达成共识，然后设计和匹配适当的项目方案以实现项目目标。对于解决良构问题的项目设计思路，我们可以采用以下方法：无形知识技能有形化、有形知识技能标准化、标准知识技能趣味化、趣味知识技能嵌入化。例如，内训师项目就是一个典型的良构问题。内训师的核心技能包括敏捷课程开发技术和魅力授课技术，业内已经形成了一套成熟的、标准化的知识技能体系。我们可以通过训战结合的闯关方式增加项目的趣味性和刺激度，并将这种技术嵌入到内训师的日常工作中。通过定期分享机制，将这些技术内化为内训师的技能，持续赋能组织、业务和人才。对于解决病构问题的项目设计思路，我们可以采用以下方法：群策群力、集思广益、团队共创、共同发现问题、分析问题、解决问题。通用电气的行动学习法就是解决病构问题的典型方法之一。例如，行远公司如何实现三年内业绩翻番？这个问题就是一个病构问题，没有标准答案。中高层管理者需要进行深度研讨，群策群力，集思广益，共同探讨解决方案，并在实践中持续复盘和优化迭代解决方案。

根据刘经理与周总的需求诊断，初步确定关键岗位人才梯队建设和绩效改进的融合项目。该项目涉及大客户销售代表和大客户销售经理岗位的知识技能图谱、学习地图、课程体系梳理及内训师师课双建。为确保项目的顺利进行，刘经理需要进行整体规划，并与发起人周总以及销售部的几位经理充分沟通，就项目的目标、收益、成本和分工等方面达成共识。

行远公司销售部计划在明年开展关键岗位人才梯队和绩效改进项目。销售部周总认为，目前工作的突破点在于快速培养大客户销售代表和销售经理岗位的人才。他期望将这两个岗位的知识和经验梳理出来，并形成完整的培训体系，以便快速复制和传承，培养公司所需的销售人才和销售管理人才。刘经理针对周总的想法，与周总就该项目的目标达成了共识：以销售冠军和优秀销售经理为标杆，高效输出一套大客户销售代表和销售经理的知识技能图谱，输出一套可以内部复制的学习地图和课程体系，包含精品课，从无到有组建一支内训师队伍。内训师通过提炼和分享成功与失败的案例、最佳实践、行之有效的方法、流程、技巧等，让这些宝贵的知识财富和无形资产得以传承和复制，让更多的销售代表和销售经理学习借鉴，打开思路、提升能力，打造高绩效的销售团队。为了检验项目效果，刘经理进一步梳理和设定了 SMART 项目目标：在 3 个月内，输出大客户销售代表和销售经理的知识技能图谱、学习地图、课程体系，以及产出 10 门精品课，聚焦销售产品方案、销售流程、销售技巧、销售案例、大客户管理和区域管理的流程、方法、工具、案例等。针对这些课程体系，选拔和培养 10 名优秀内训师，他们都是销售冠军和优秀销售经理，通过把自己的经验分享给他人，带着大家一起占领市场。解决方案中也需要提供内训师激励机制，明确选拔和担当内训师的资格、职责及对自己、对他人、对团队的价值。同时通过一把手的参与，设计仪式感，营造氛围，提升内训师的荣誉感、使命感和价值感。这些内训师也是公司重点培养的销售领导梯队的对象，通过担当内训师强化大局意识、全局思维，进一步提升专业销售力、销售团队管理能力，挖掘领导潜能。

因此，在整体方案、内训师培养体系、课程体系设计中，公司需要遵循人才培养的 721 学习法则：让教、学、干三者有机结合，采取教中学、学中干、干中学、交流切磋、实战操练、教练辅导、复盘磨课的方式。在项目设计上，公司采取了线上线下 OMO 混合式、数字化、项目制的运作模式，通过线上开营仪式，使学员明确了学习目标，并布置了微任务，将学习任务提前进行准备。接下来，公司开展了线下实训，既赋能方法论，又实现了边学边干边输出的目标。

第三，执行阶段。这个阶段包含了四个相辅相成的关键管理动作：实施方案、监督调整、推动转化、绩效支持。在计划阶段，我们已经与关键利益相关者就方案达成了共识。有了好的方案设计，也需要好的执行。培训管理者需要密切关注业务部门和学员的实际情况，与时俱进、灵活调整，同时与直线经理充分沟通、达成一致意见并分工明确。只有通过有效的沟通和协作，我们才能推动学习项目的效果转化和落地，使其真正产生价值。

例如，在实施内训师项目的过程中，刘经理发现学员都特别忙碌。尽管已经避开了业务旺季，但仍然出现了各种新情况，导致有些学员无法全勤参与。为了解决这个问题，刘经理需要借助高管的力量进一步强调项目的重要性，并进行阶段性的宣传造势，以影响内训师和他们的上级，帮助他们克服困难，保证投入度，并确保成果的输出。在这个过程中，刘经理需要持续跟进，学会借力管理过程，并及时汇报进度和阶段性成果。同时，刘经理还需要呈现项目过程中学员的闪光点，通过数据和标杆故事来激励他们。例如，可以展示各队学员的出勤数据、课后作业提交和完成的百分比，以及优秀学员和团队的打卡感言。这样可以营造比学赶帮的良好氛围。为了推动项目朝着既定目标前进，公司采取了正面激励为主的方式，同时施加适当的压力，推动项目朝着既定目标前进。

同时，培训管理者和直线经理应该形成合力，实现联动协同，共同承担责任，密切合作推动效果转化和落地，并提供绩效支持。

刘经理通过树立典型、标杆的方式，对表现优秀的内训师个人和团队进行公开表扬。他利用榜样的力量来影响和带动其他学员。那么，学员的直线经理可以做些什么呢？他们可以让本部门的内训师先在自己部门分享，让本部门的人员从中受益，帮助本部门中绩效一般和绩效较差的员工获得接地气的培训资源。同时，他们还应该鼓励本部门的内训师在公司和集团层面分享，支持他们在更大的舞台上展示自己，锻炼自己，提升自己的影响力、专业能力和领导力，并对员工的表现及时给予积极的反馈。通过刘经理和直线经理的强强联手，可以使内训师项目的效果更持久地转化和落地。

第四，复盘阶段。复盘阶段包含评估结果、总结优化两项关键管理动作。项目要有始有终，结项时要进行闭环管理，对齐项目目标，评估项目结果。同时，需要阶段性复盘和结项复盘，总结经验和教训，成功不是一蹴而就、一步到位的。

例如，内训师项目的目标是输出高质量的课程内容和培养人才。通过复盘和评估，可以检验课程内容是否聚焦于业务实际问题，是否具有针对性和实用性。在内训师项目期间，需要进行说课、试讲，并接受集体反馈和教练辅导，以不断打磨和优化课程。此外，在激励机制方面，发现授课津贴对内训师的吸引力不足后，经过复盘，增加了充电学习机会、优先提拔等激励措施。通过不断复盘、总结优化和敏捷迭代，逐渐形成了行之有效的内训师项目管理和激励办法，并最终沉淀和固化下来，以促进这类项目的长效推动和形成长效机制。

第三个锦囊：培训效果评估的超前思维和方法。

前文初步探讨了年度培训规划书的6W3H结构和工具表，并开始探讨和尝试解决培训界的一个重要难题：如何评估培训效果。谈到培训效果评估，我们会想到唐纳德·L.柯克帕特里克教授于1959年提出的柯氏四级评估模型，如图4-23所示。

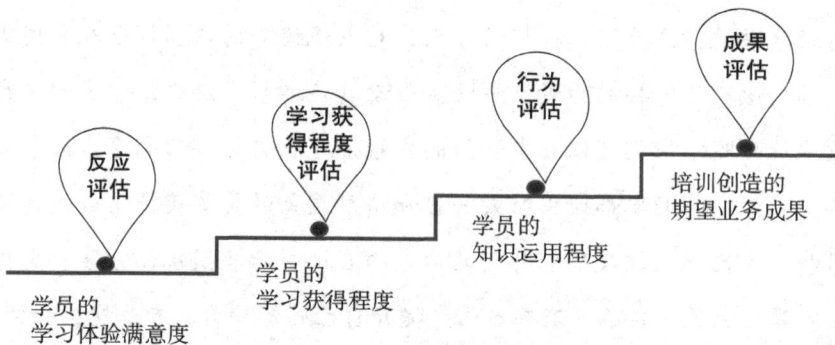

图 4-23　柯氏四级评估模型

　　该模型是全球范围内应用最为广泛的培训评估工具，其在培训评估领域的地位无可撼动。首先，反应评估主要通过问卷调查的方式，收集学员对学习项目的效果和有用性的满意程度。其次，学习获得程度评估主要通过考试、测评、模拟考核等方式，评估学员参训前后在知识、技能掌握方面有多大程度的提高。再次，行为评估主要借助一系列评估表，通过学员的上级、同事、客户等考察参训前后学员的行为变化，以判断学员将所学知识、技能运用到实际工作中的情况。最后，成果评估主要通过一系列指标来分析、计算培训创造的经济效益，衡量培训项目是否给企业经营成果带来了具体而直接的贡献。

　　在柯氏四级评估模型的实施过程中，许多培训管理者发现，一级评估和二级评估相对容易，而三级评估和四级评估却非常困难，甚至几乎无法完成。那么，为什么会出现这样的情况呢？

　　一级评估相对容易实施，只需设计有效的问卷，并在培训结束后发放纸质或电子问卷给学员进行反馈即可。然而，其也存在一些问题需要加以注意。例如，如果问卷不是在培训当天发放，回收率可能会很低；个别学员的负面情绪可能会拉低整体分值；问卷设计往往千篇一律；将培训场地等后勤安排和培训内容的满意度问题放在一起，可能导致评估结果的参考价值降低。因此，培训管理者在问卷设计上需要花费心思，避免踩入这些坑。在问题设计上，应重点引导学员关注以下几个方面：培训师的专业功底和培训技巧，所学内容与工作场景、实际问题的相关性、贴合度、实用性，学习形式和学习体验情况，以及是否能够将所培训的知识和技能等应用到实际工作中。

　　二级评估的实施虽然可行，但确实存在一定的难度。无论是理论测试、模拟测试还是实操考核，设计高质量的测试题都需要很强的专业技术能力。因此，为了确保评估的有效性和准确性，培训管理者和项目组成员应提前进行规划，并合理分工，预留和分配必要的资源，包括时间、人力、物力和财力等。

　　三级评估的实施是一项极具挑战性的任务。它需要借助一系列精心设计的评估表，由学员的上级、同事、下属或客户进行考察，以判断学员将所学知识和技能运用到实际工作的情况。在实际操作层面，培训管理者需要设计一系列的评估表单，并通过前测后测的方式进行评估。具体而言，训前请学员的上级、同事、下属或客户来考察和评估学员的知识水平与技能掌握情况；训后一段时间，再请相同的评价者来考察和评估学员在实际工作中的表现，以及他们是否将所学知识运用到实际工作中，并在行为上产生了积极的改变。通过对比前后的差异，可以评估学员的学习成果和实际应用能力。这个过程对培训管理者设计评估表的能力提出了很高的要求，而且对培训管理者的跨界领导力也是极大的考验，因为培训管理者需要学员的上级、同事、下属的支持，提供真实的反馈。然而，现实情况往往是评估表发出去后石沉大海，回复者寥寥无几，或者回复的信息也是敷衍了事，应付差事。这无疑增加了实施三级评估的难度。此外，三级评估还面临着三大风险。首先，即使收到了评估表单数据，但反馈结果可能表明学员的行为并没有发生积极的变化，甚至还不如培训前。这种情况让我们感到困惑和无奈。其次，即使数据表明学员的行为发生了积极的改变，但有可能是反馈者出于其他原因给予高分，而并非学员真正改变了。最后，即便分数提高了，我们也无法完全证明这种改变100%是培训部门的功劳。或许业务部门认为学员的改变是因为学员最近经历了一些事情，或者是因为学员上级最近盯得紧等。因此，在实际操作层面上，三级评估确实是一项具有挑战性的任务。

四级评估是一项复杂而艰巨的任务，需要通过一系列绩效指标来衡量培训的效果。这些绩效指标包括销售额、良品率、次品率、客户满意度、成本和交期等。通过对这些指标的分析，我们需要计算培训创造的经济效益，并衡量培训是否为企业经营成果带来了具体而直接的贡献。例如，可以评估销售业绩的提升程度、产品质量的提高程度、生产效率的提升程度及客户投诉的减少情况等。然而，在实际操作层面，上述绩效指标受诸多因素的影响。培训可以干预并影响学员的知识水平与技能水平，但在现实中，我们无法将学员与其他因素完全隔离开来。虽然可以通过实验组和对照组进行对比分析，但这个过程非常复杂且耗时费力。即使对比结果对培训部门有利，业务部门也未必会认可。因此，培训管理者很难证明绩效指标的提高完全是培训的成果。如果强行证明这一点，可能引起业务部门的反感，他们可能会认为培训部门和业务部门在争夺成果，从而导致培训管理者受到质疑，事倍功半。

另外，1959年版本的柯氏四级评估模型存在一个问题，即在四级评估模型中，二级和三级之间的关联并未得到充分的体现。为什么会出现这样的情况呢？首先，一级评估和二级评估之间存在正相关关系。当学员对培训的反应良好时，他们的学习效果通常不会差。其次，三级评估和四级评估之间也存在正相关关系。当学员在实际工作中积极应用所学知识和技能时，他们的行为往往会发生改变。这种改变不仅影响了他们的工作方式，也直接导致了结果的变化。然而，二级评估和三级评估之间却没有建立起这样的正相关关系。即使学员在学习和测试中表现出色，但在实际工作场景中，他们未必能够将所学知识应用到实际工作中，实现知行合一，从而产生积极的行为改变。

在2009年，唐纳德·L.柯克帕特里克的儿子吉姆以一篇名为"柯氏评估四层次模型：五十年后的新发现（1959—2009）"的文章，对柯氏四级评估模型进行了重新解读。这一重要研究成果如图4-24所示。

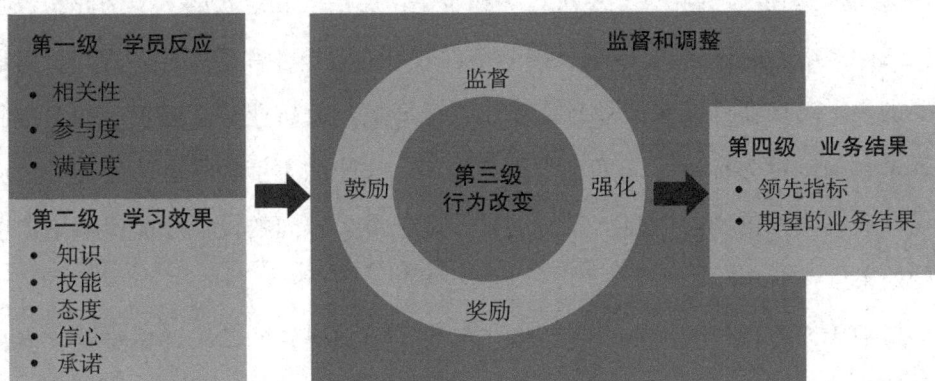

图4-24 新柯氏四级评估模型

第一级，学员反应。在学员满意度这个衡量指标的基础上，新增了参与度、相关性这两个指标。

第二级，学习效果。在原来的知识、技能、态度这三个衡量指标的基础上，新增了信心、承诺这两个指标。

第三级，行为改变。在这一阶段，综合吉姆发现的促进行为转化的四个关键要素，我进一步细化了促进行为改变的措施，以激发学员行为改变的内驱力。具体措施如下：首先，明确直线经理的责任。直线经理在监督和鼓励学员学以致用方面发挥着重要作用。直线经理将通过在岗辅导的方式，对学员进行监督与调整，确保他们能够将所学知识应用到实际工作中。其次，强调直线经理支持的重要性。直线经理将通过强化、鼓励、激励和及时反馈等多种方式，同时实施鼓励并施加压力，以激发学员改变的内驱力，促使他们积极改变行为。为了进一步鼓励学员学以致用，培训管理者需采取多种措施，如匹配导师、评选成功案例、树立学习榜样及组建优秀学习小组等。

第四级，业务结果。对原有"业务结果"做了拆解和细化，形成领先指标、期望的业务结果两个维度。

吉姆对过去50年企业培训的不佳表现进行了深入反思。他从柯氏本人50余年推广培训评估方法的经历中，总结出了培训评估的现状："善意的反馈（层次一），事前和事后的测试（层次二）和希望（层次三和层次四）。"为此，吉姆多次强调"培训的终结"，以突显提升培训效果的紧迫性和重要性。吉姆认为最重要的是，培训要从结果或业务需求出发，即通过分析业务发展背后的关键驱动因素和关键行为标准，来确定学员在知识、技能和态度提升方面的需求，从而设计有针对性的学习项目。只有这样，以结果为导向的设计才能保障培训项目的效果。

新柯氏四级评估模型在一定程度上解决了前文提到的效果评估难题，但在操作层面上依然比较复杂。为了更敏捷地进行培训效果评估，培训管理者需要转换一种思路。这个思路是将新老柯氏四级评估的顺序颠倒过来，以终为始，目标前置。没有明确的目标，就无法进行评估。这就是培训效果评估的前瞻性思维。基于此思维的以终为始目标前置法（见图 4-25）将为我们提供一种更加敏捷、高效和专业的解决方案。

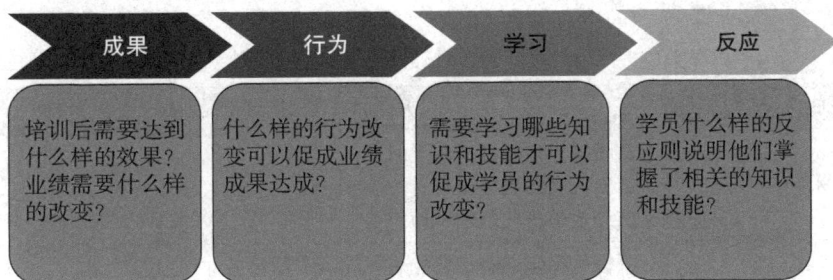

图 4-25　培训效果评估以终为始目标前置法

在前文中，我多次强调了一个至关重要的原则：以终为始、目标导向。这一原则同样适用于培训效果评估，要用前瞻性思维做效果评估，不是证明效果，而是创造效果。培训效果并非是在事后通过滞后评估得出的，而是需要在培训实施之前就进行充分的前置设计。

在项目启动阶段，我们必须与关键利益相关者，尤其是中高层管理人员达成共识，明确项目目标。一旦目标确定，我们需要以终为始，进行项目的设计和实施。在前期设计和共识项目目标后，我们将实施全过程的闭环管理，并进行复盘检验。

以行远公司销售部门的新销售经理技能加速器项目为例，如表 4-13 所示。为了实现目标，销售经理需要完成以下三级关键行为动作：每周至少进行一次或多次辅导，每周、每月与销售代表一起制订销售计划，与每位销售代表每月至少拜访一位大客户。为了确保这些关键行为动作的顺利实施，销售经理需要配套相应的驱动手段，包括制度、流程、资源和工具等。例如，销售经理每月第一天将销售计划及与销售代表共同拜访的客户名单发送给销售总监；销售经理培训员工，并拥有培训所用的辅助工具。为了实现行为改变，需要明确销售经理应学习什么内容，并据此设定二级评估的学习目标。具体而言，这些学习目标包括：销售经理如何制订销售计划，销售经理如何与员工进行有效沟通，销售经理知悉有效拜访大客户的关键要素和注意事项。

表4-13 行远公司新销售经理技能加速器项目效果评估表

四级评估	提升销售额和销售利润的指标
领先指标	每周销售报告提交的及时性 销售代表的出单率 高绩效销售代表的保留率
三级关键行为	销售经理定期与销售代表一起制定销售目标和销售计划 销售经理定期与销售代表一起拜访大客户 销售经理运用销售辅导工具定期为销售代表提供辅导 销售经理定期与销售总监进行销售计划制订和结果复盘
二级学习效果	销售经理能够当堂制定销售目标和销售计划 销售经理能够当堂描述大客户拜访的关键点 销售经理能够当堂进行员工辅导模拟对话 销售经理能够当堂进行销售结果复盘预演
一级学员反应	学员对学习内容的实用性和学习形式的实操性的高满意度

例如，行远公司的刘经理与李总和张总等高管就内训师项目达成了共识，并确定了两项主要成果：20门紧密结合业务实际的精品课程，以及20名由销售冠军、技术骨干和生产管理精英组成的内训师。因此，学员需要完成两项关键任务：精品课程的开发和授课技巧的刻意练习。通过完成任务，学员的认知和行为将得到转变。通过分享工作经验和解答疑惑，学员的行为转变最终将影响其他员工的能力提升和业绩改善。为了确保任务的顺利完成、行为的改变和效果的落地，学员需要学习敏捷课程开发技术和交互式授课技术。学习模式并非仅仅是听课，而是通过学中干、干中学的训战结合的方式进行。在课堂上，学员将边学边练边输出，掌握相关的技术和方法。通过学员在课堂上提交的阶段性成果和课后展示的实践成果，可以检验学员的学习积极性和学习效果。

自我教练和实践 ••

1. 尝试用全景图规划或优化一个关键学习项目。

2. 结合以终为始、前瞻思维的培训效果设计目标前置法和新柯氏四级评估法，针对你所在企业的某个人才培养项目，设计和实施项目评估方案。

3. 关于培训效果评估这个难题，你还有哪些解决思路和方法？

第五章

敏捷型人才培养实践

商业的本质并不是说我要去赚取更多的利润，追求更多的股东回报，当然这是需要的，但我更想强调的是，商业的本质是一个团队运作，商业本质归根到底是什么？是人，是领导力。

——世界第一 CEO　杰克·韦尔奇

伟大的领导者都是激励大师，更关注人和人性，能够持续影响其追随者；而平庸的管理者更多的是眼中有事，目中无人，最后变成了"伟大的个体户"。

——华为高级管理顾问　吴春波

敏捷型人才培养能解决企业的哪些问题

在探讨敏捷型人才培养能解决企业的哪些问题之前，我们首先需要明确三个关于人才培养的核心原则。

第一个原则：人才培养是一种手段，而非终极目标。

人才培养不应仅仅停留在课程体系的完善和系统化教学的层面。企业期望通过建立人才培养体系，促进绩效提升，并推动人才胜任能力的提升。人才培养体系可以为业务、组织和人才提供支持，打造高质量的人才供应链，并持续为企业输送优秀人才。这不仅体现了企业对人才培养体系的期望，也反映了对培训管理者的期望。

第二个原则：人才培养不能一劳永逸，而要敏捷迭代。

企业要培养人才和挖掘人才，同时确保他们能够被有效任用并留住他们。为了实现这些目标，培训管理者需要转变思维，从传统的大而全、费时费力的思维模式转变为小而精、快准好的敏捷思维模式。由于市场环境在迅猛变化，企业的经营战略和业务组合也在不断变化，对组织能力和人才能力的要求也在改变。因此，人才培养体系必须与时俱进。人才培养体系的建设必须迅速响应需求，灵活调整，上承战略，中促绩效，下推胜任。它不需要大而全，而要追求小而精；不需要大刀阔斧的改革，而要采取小步快跑的策略；不追求高大上和炫酷形式，而要追求"快准好"的效率和效果。

第三个原则：敏捷型人才培养体系建设是一项至关重要的任务，它需要高管的支持才能有效实施。

如何赢得高管的支持？我们必须确保方向一致、目标共识、价值引领。在企业发展过程中，通常会经历三种典型的业务发展期：快速发展期、转型升级期和上市筹备期。不同的业务发展期会面临不同的问题，而人才培养体系建设可以在这些不同的业务发展期发挥作用，从而创造巨大的价值，如表5-1所示。

表5-1　三种典型业务发展期敏捷型人才培养体系的建设价值

业务发展期	问题	人才培养体系建设价值
快速发展期	人才断层，青黄不接	输送人才，激活能量
转型升级期	思维定势，能力局限	升级思维，迭代能力
上市筹备期	管理粗放，审计不过	升级管理，提质增效

第一个业务发展期：快速发展期。企业经过了一段时间的快速发展，常常面临以下问题。

1. 人才断层，青黄不接：企业缺乏专业技术骨干和管理人才，导致人才储备不足。

2. 管理后备人选匮乏：企业内部无法找到合适的管理后备人选，管理岗位缺乏继任者，没有可培养的人才，导致后续管理困难。

3.火线提拔的管理者业绩不佳：很多管理者是通过火线提拔上来的，但上岗后发现其表现不佳，团队业绩不如提拔前，甚至出现业绩下滑的情况。

4.空降兵水土不服：有些管理者是高薪挖猎入职的空降兵，但由于适应能力不强，中途离职，甚至引发薪资倒挂的连锁问题，导致优秀老员工离职。

在这样的情况下，建设敏捷型人才培养体系对于企业来说具有重要的战略意义。这一体系能够帮助企业提前储备人才，提升员工的能力和素质，从而更好地打造专业序列和管理序列的人才供应链。通过前瞻性地规划和建设人才梯队，企业能够有效避免因人才供应链的断裂而对自身发展产生的制约和阻碍。同时，敏捷型人才培养体系的建设为所有员工提供了发展机会，使他们深刻感受到企业对人才的重视。这将激发高绩效员工的积极性，为具有潜力的员工提供更多的发展机会，增强核心团队成员的信心，并让那些业绩不佳的员工感受到危机感。这样的良性竞争机制和氛围将使整个组织充满活力与能量。随着敏捷型人才培养体系的逐步完善，企业将逐渐形成具有高人才密度、强人才活力和强人才能量的人才磁场。这种磁场将产生强大的人才吸引力，进一步吸引更多的优秀人才加入，形成一个持续流动的人才活水池，成为企业的持续发展动力。

第二个业务发展期：转型升级期。近年来，为了适应市场的变化，许多企业积极寻找转型升级的机会，并不断探索新的业务增长点。例如，传统制造业正在向智能制造的方向转型，传统工业也在逐步实现数字化。那些仅依赖单一产品的企业，正努力实现业务的多元化发展。在这个过程中，企业不仅要解决产能问题，还要提质增效和降低成本。因此，企业必须与时俱进，否则就会面临被市场淘汰的风险。企业的转型升级代表着变革，这意味着企业的创始人和高管必须全心投入变革的浪潮中。然而，企业的中基层管理者和一线员工却无法跟上高管的步伐。究其原因，首先，中基层管理者和一线员工没有真正理解高管的战略思维和意图。其次，由于管理者的思维定势和能力局限，企业的整体治理能力有所下降。最后，员工队伍的核心能力不足成为制约企业发展的瓶颈，无法适应企业的新战略、新模式和新发展的要求。这些问题都成了企业转型升级的重大障碍。

面对各种挑战，构建敏捷型人才培养体系有助于提升管理团队的管理能力，从而实现管理效益的提升。同时，这也有助于员工队伍的认知升级和能力进化。通过线上线下 OMO、混合式的方式，为全体员工统一新思想、武装新思维、升级新能力，为企业的转型升级消除障碍，助力企业转型升级更加顺畅。

第三个业务发展期：上市筹备期。在企业快速发展的过程中，为了生存和发展，企业往往更加注重业务发展，而在管理方面相对粗放，缺乏规范化和精细化的管理。然而，上市战略目标意味着企业需要持续盈利，并且能够经受住独立第三方会计师事务所的严格审计。这些独立的第三方会计师事务所会对企业进行非常严格和精细的审计，企业可能会面临未通过审计而无法上市的尴尬局面。即使企业成功通过审计上市，上市后仍然需要持续接受严格的独立审计。因此，建设敏捷型人才培养体系能够推动各层级管理者的管理思维、领导能力和治理水平的升级迭代，从而帮助企业从粗放化管理向规范化、标准化和精细化管理跃迁，支持企业提升管理水平、提高质量和效率。

这三个业务发展期是独立存在还是可以交织存在，是先后发生还是可以同时并存？在当前时代背景下，这三个业务发展期既可能独立存在并先后发生，也可能同时并存。因此，无论企业处于单个业务发展期场景还是多个场景之中，敏捷型人才培养体系建设都能够为企业提供有力的支持，帮助企业更好地发展业务、激活组织和管理人才，推动企业战略的落地实施，支撑企业的转型与升级，以及助力企业成功上市。

自我教练和实践 ···

> 1. 请分析你所在的企业处于哪个业务发展期?
>
> 2. 结合你所在企业的实际情况，思考敏捷型人才培养体系对本企业的意义和价值，并试图向高管传达这一观点。

快速发展期企业人才培养实践案例

从本书开篇部分提到的行远公司制定的三年战略目标中，我们不难发现，行远公司正处在多种业务发展期交织的复杂环境中。

年销售业绩翻番、3年突破50亿元销售大关——快速发展期。

工艺自动化、数字化转型，经营模式进行多元化发展——转型升级期。

3年内上市——上市筹备期。

首先，针对行远公司所面临的五大人才困境，人力资源部门的李总和刘经理进行了深入的分析。他们发现，这些问题存在的根本原因在于行远公司在过去20多年的扩张和发展过程中，过度依赖外部人才供应，而没有建立内部人才梯队，也没有采取双循环的人才战略，即不注重外招人才和内生人才的结合。人才梯队建设工作虽然重要，但并不紧急，因此一直被放置在重要不紧急的第二象限的位置上（见图5-1）。人力资源部门曾多次向高管提议加强人才梯队建设，但由于缺乏业务紧急性和其他原因，这些提议一直未能得到重视。

为了确保行远公司的长远发展，公司必须重视建设高质量人才梯队，为公司的发展保驾护航，奠定坚实的人才根基。正如一句话所说："根基牢固，基业长青；根基不牢，地动山摇。"李总和刘经理深刻认识到建设高质量人才梯队的重要性，并决定说服张总，从零开始着手推动这一工作。

要说服张总，李总和刘经理必须先想清楚如下问题。

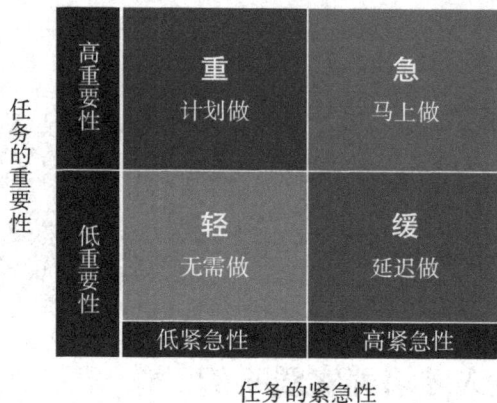

图 5-1　轻重缓急矩阵

1.为什么要建设人才梯队？对于公司的经营管理和整体发展的意义是什么？如何使高管重视人才梯队建设工作？

2.人才梯队建设工作到底怎么做？整体工作思路是什么？

3.关于人才梯队建设，行远公司有很多部门和岗位，是全面铺开还是聚焦关键岗位，是多头开展、齐头并进还是循序渐进、按轻重缓急逐步开展？

4.如果聚焦关键岗位，行远公司的关键岗位是什么？

5.人力资源部门和业务部门在人才梯队建设中分别扮演什么角色？如何高效协同，有效联动，合力做好人才梯队建设工作？

我们可以将以上五个问题合并为以下三个问题：如何进行升维思考和向上管理？如何进行全面规划和系统筹谋？如何实现降维落地并取得预期效果？为了系统解决这些问题，李总和刘经理制定了如下作战地图，具体如表 5-2 所示。

表 5-2　快速发展期敏捷型人才培养体系建设作战地图

体系	具体措施
支持体系	赢得高管支持：共识目标、价值引领 逐步配套机制：打造职业发展双通道和继任者机制、完善薪酬体系
课程体系	师课双建，3E 模式
师资体系	

（续表）

体系	具体措施
经营体系	经营目标和效果评价：优先打造销售、研发、技术岗位专业和管理人才梯队 三年规划目标：储备 200 名各层级管理干部后备人选，第一年 50 名，第二年 100 名，第三年 50 名 知识资产输出：销售、研发、技术关键岗位人才标准、工作任务分析、知识图谱、学习地图、课程体系 经营过程：RDA 敏捷三步走（人才盘点 – 敏捷培养 – 有效任用），师课双建五步实施流程

　　李总和刘经理面临的问题是，尽管业务高层管理者和中层管理者都强调建设人才梯队的重要性，但在实际行动中他们却将其视为人力资源部门的责任。这表明业务管理者可能没有深入理解人才梯队建设的真正价值。

　　为了解决这一问题，李总和刘经理深入探讨了高质量人才梯队建设的价值，并总结出了以下四大核心价值：输送人才、提质增效、赢得客户、开源节流。

　　高质量人才梯队建设的首要核心价值在于输送人才。那么，什么是人才梯队？梯队的概念非常形象，它将企业的经营比喻为登山过程。在这个过程中，可能会出现人员掉队、人才断层、青黄不接等问题。以行远公司为例，该公司正在积极推进数字化转型和多元化经营。张总满怀雄心壮志，但当他回首时却发现，尽管公司有人，但他们的表现并不理想。面对这种情况，公司不得不从外部紧急招聘人才。然而，紧急招聘也会带来新的隐患和风险。这不仅会花费大量的资金，而且不能保证招到合适的人选。即使经过多轮面试，花费大量资金聘请了看似合适的人才，仍然可能出现水土不服、与企业文化不匹配、无法融入的问题。刘经理在外企工作了 7 年多，来到行远公司后发现许多理念和做法都与以往不同，他深刻体会到企业文化差异带来的心理冲击。因此，人才梯队建设的价值在于帮助企业提前预防并解决人才断层、青黄不接及空降兵水土不服等问题，通过内部孵化、发展和储备人才来应对这些挑战。

　　高质量人才梯队建设的第二个核心价值在于提质增效。为了支持企业的精细化运营并建立核心竞争力，高管需要带领全体员工齐心协力，共同攀登事业的高峰。为此，一支训练有素的员工队伍显得尤为重要。这样的队伍应该汇聚众多优秀人才，且具备战斗力、凝聚力、向心力及共同的目标和信念。如果没有一支高质量的人才梯队，企业将无法实现勇攀高峰的目标。因此，从这个意义上说，只有做好人才梯队建设工作，企业才能真正提升其产品和服务的质量与效率。当企业拥有有才能的员工，并且每个人都能充分发挥自己的才干时，企业的运营管理才能实现成本的最小化、效率的最优化和价值的最大化。

高质量人才梯队建设的第三个核心价值：赢得客户。当前，各行各业都面临着日益激烈和残酷的市场竞争，这迫使行远公司和其他许多企业进行转型升级，如数字化转型和多元化经营。随着市场上可供选择的产品、服务和企业数量的增加，如何培养客户的忠诚度成了一个重要的问题。客户忠诚意味着客户愿意与企业保持长期战略合作。那么，为什么客户愿意与企业长期合作呢？这是因为企业在产品品质、功能、价格、性价比、效率、服务和客户体验等方面都展现出卓越的优势。要培养客户的忠诚度，必须拥有高质量的人才梯队、敬业的员工和高素质的员工队伍。此外，精细化的运营管理和高效协同的内部流程也是至关重要的。只有通过提供高质量的产品和服务体验，才能让客户满意并愿意与企业长期合作，从而实现客户忠诚的目标。

高质量的人才梯队是一个企业成功发展的关键因素。它不仅包括专业人才梯队，如销售人才、研发人才、技术人才和供应链人才梯队，还包括管理人才梯队，涵盖各业务流程的基层、中层和高层管理者。一支德才兼备的管理人才梯队，无论是决策层的高层力量，还是管理层的中层力量，以及执行层的基层力量，都须相互配合、协同联动，以形成价值链合力，从而为客户创造价值，维系新老客户与企业长期合作共赢关系。

高质量人才梯队建设的第四个核心价值是开源节流。这是高质量人才梯队建设的终极目标，它能够支撑企业持续盈利并实现长期稳定发展。通过打造高质量人才梯队，行远公司能够精细化运营内部事务，不断提升内部能力，从而实现持续的提质增效。这将产生良性连锁效应，即获得客户的认可。客户认可行远公司的产品和服务以及其高性价比，因此愿意选择与其长期合作。只有持续创造客户价值，企业才能实现高质量发展。高质量发展意味着企业在财务上追求开源节流，以实现持续的净利润。在为客户创造价值的同时，企业也能够获得经济效益，并且创造社会效益，提供就业机会，为国家和社会带来福祉与正能量。

总的来说，高质量的人才梯队是企业宝贵的无形资产，也是企业创造价值的终极源泉和重要根基。只有通过打造高质量人才梯队，并持续积累企业的无形资产，企业才能持续创造有形价值，从而确保企业战略的有效实施。企业战略地图由平衡计分卡的创始人罗伯特·卡普兰和大卫·诺顿提出，如图5-2所示。该战略地图明确指出无形资产即团队的持续学习成长是企业有形价值的最终源泉。

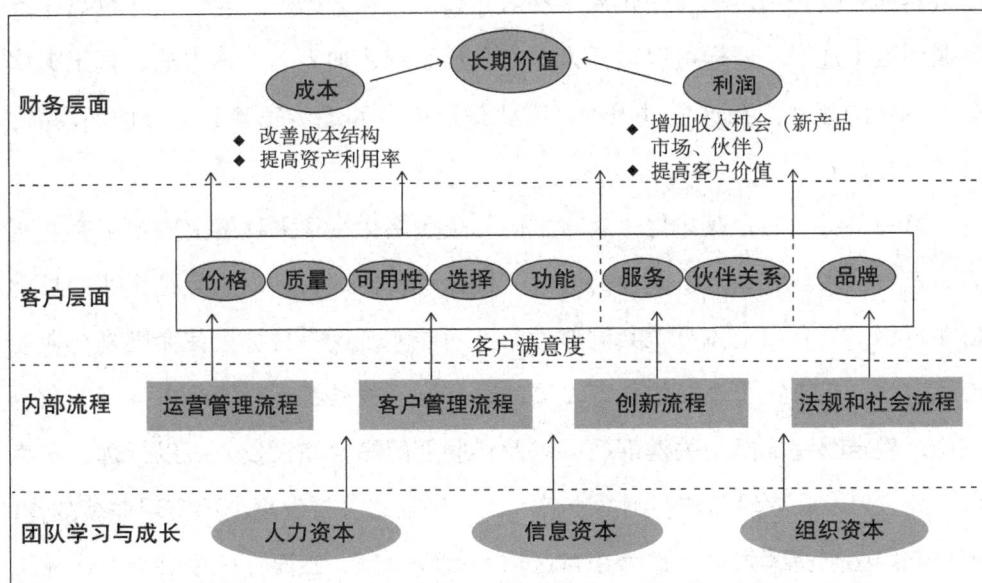

图5-2 企业战略地图

综上所述，高质量人才梯队建设应以终为始，站在高管的角度进行换位思考。同时，我们应使用业务语言和战略地图，从企业基业长青和永续发展的角度来定义高质量人才梯队建设的核心价值。

通过高质量人才梯队建设，企业可以提升内部实力，从而提高工作质量和效率，进而为客户创造价值并赢得客户。只有赢得客户，企业才能够实现可持续的发展和利润增长，才能够行稳致远。为了确保人才梯队建设的重要性得到高管的充分认可，培训管理者需要与高管达成共识。如果没有高管的重视、参与和投入，人才梯队建设工作将只是纸上谈兵。仅凭人力资源部门的努力和李总、刘经理的力量是远远不够的。因此，高质量人才梯队建设工作不仅仅是人力资源部门的责任，也是业务部门的责任，更是全体员工共同的责任。只有通过协同联动、齐心协力的合作，我们才能够有效地推进人才梯队建设工作，使其真正落地并发挥作用。

高质量人才梯队建设的整体逻辑可以概括为三个关键步骤：人才盘点、敏捷培养和有效任用。完成一轮人才梯队建设后，再开始新一轮的人才盘点，不断循环这个过程。这样可以盘活人才，盘活组织，加满人才蓄水池，真正支撑业务战略的落地。在这个过程中，需要提前准备和逐步完善五个方面的内容，具体内容如下。

第一，明确的企业文化和战略方向。企业文化在很大程度上决定了企业所需的人才特质。它涵盖了企业的愿景、使命和价值观，其中愿景是企业的长远奋斗目标，只有当全体员工共同努力时，才能实现这一目标。使命则是企业的价值定位，它决定了企业的长期发展战略。这一战略将直接影响各部门的角色定位，确定哪些部门是关键部门，以及哪些部门需要加大投入。以行远公司为例，其三年发展战略非常明确。李总和刘经理通过分析发现，要实现业绩翻番，销售部门必须持续发力，扩大销售区域和市场份额。然而，仅依靠现有产品无法满足市场的多样化需求，因此必须有新的爆款产品，并能为客户提供定制化、个性化的产品，以增加新的业务增长点。这意味着研发部门和技术工艺部门必须在产品研发和技术工艺方面加大投入，提供引领市场和满足客户需求的产品与服务。同时，这也对生产部门提出了更高的要求，即能够按需、按时、保质、保量地生产和交付非标准化产品。

价值观是人们在社会生活中的行为准则，也是企业凝聚力和向心力的源泉。它不仅是衡量人才的关键标准，更是全员理解、认同和践行企业核心价值观的基础。一群志同道合的人方能齐心协力、共同追求和完成有意义的事业。思想统一、行动协调、步伐一致、共鸣强烈，这种强大的凝聚力将产生惊人的效果。

价值观不仅是衡量员工发展潜力的重要尺度，更是判断其与企业长期合作的潜力。此外，它也是管理者能否带领团队取得高绩效的关键指标。

以某互联网企业为例，其并购战略并非临时决策，而是在 1 ~ 3 年前就已经进行了战略规划和布局。在这个过程中，高管团队需要具备前瞻性思维，以预见并购后可能出现的文化融合和文化稀释问题。因此，他们需要提前部署解决方案，以确保不同文化背景的员工能够快速融入。企业文化并非空洞的口号或标语，而是企业愿景、使命和核心价值观的具体体现。愿景是企业的长期奋斗目标，指明了企业的发展方向；使命是企业存在的意义，阐述了企业为客户创造价值的方式；核心价值观则是企业在做出决策时所遵循的原则和标准。通过明确企业文化，企业可以更好地确定中长期发展所需的人才类型。

第二，制定或调整组织结构图。为了评估企业的组织健康状况，我们需要全面考虑关键部门和关键岗位的人才池现状，包括人才的数量、质量和结构等。因此，组织结构图的作用就变得尤为重要。组织结构图展示了组织的系统框架。许多企业都会定期优化和调整组织架构，而一张明确、清晰的组织结构图可以帮助我们一目了然地全局盘点组织健康状况。只有当组织结构合理时，运营流程才能更加高效和敏捷，从而减少部门壁垒，降低内耗。作为可视化工具，组织结构图在人才盘点时能够清晰地展示各部门的人才状况。

无论是矩阵型、职能型、事业部型还是海星型等组织结构，都必须遵循扁平化原则。在当今竞争激烈的商业环境中，速度是取胜的关键。因此，建立敏捷的组织结构并传承敏捷文化至关重要。

行远公司采用的是直线职能型组织结构。这种结构的优点在于其扁平化、快速和灵活的特点。这不仅能够明确责任分工，确保统一指挥，而且还能充分发挥各专家在业务管理中的作用。然而，这种组织结构也存在一些缺陷。由于其权力集中在最高管理层，下级缺乏必要的自主权。各部门自成体系，彼此之间的横向联系较差，容易产生部门之间的隔阂，导致脱节和矛盾的产生。随着行远公司的快速发展，张总从最初掌管几十人的团队逐渐扩展到掌管十几个部门涵盖近千人的组织。他越来越感到力不从心，分身乏术。他原本希望通过这种方式推动组织的扁平化，提升决策效率，高效掌控全局，但却发现信息流过于庞大和复杂，以及各部门之间存在相互推诿、扯皮的现象。同时由于他的管理水平有限，很难高效、精准地做出决策，导致堆积了很多问题。这几年来，张总不断思考如何调整和优化组织结构，在解放自己的同时让组织更敏捷、更有活力。张总是专业技术出身，但他经常需要与大客户及各种合作渠道人员等进行沟通和交流。因此，他急需一位擅长对外交际、与对方级别对等的高管来分担自己的工作。

经过人才盘点，张总清晰地看到公司核心管理团队中有83%的成员都是专业技术出身。

核心管理团队的结构存在明显的不合理性，主要表现在过度重视技术和专业能力，而对人力资源和领导力的重视程度不够。在实际操作中，技术型管理者往往过于关注专业知识和技术细节，忽视了对团队成员的关心和引导，缺乏有效的领导力和人际交往能力。此外，高层管理者的能力素质结构也存在明显的问题。他们的专业技能占比最高，其次是人际能力，而概念技能（如宏观视野、系统思考、整体考虑和大局把控等）占比最低。这种现象可能对整个管理团队的效率和效果产生负面影响。这些观点并非无中生有，而是源自罗伯特·李·卡茨（Robert L. Katz）于1955年在《哈佛商业评论》（*Harvard*

Business Review）上发表的一篇文章，名为高效管理者的技能（*Skills of an Effective Administrator*）。

第三，制定或更新关键岗位说明书。该说明书主要针对组织结构图中的关键部门和关键岗位，其内容涵盖岗位名称、岗位职责及任职资格等核心要素。通过岗位说明书，我们可以更深入地理解和评估组织的人才健康状况。例如，关键岗位的人员配置是否合理，人岗匹配度如何等。关键岗位说明书应包含以下内容，具体如图 5-3 所示。

> ➤ **岗位名称：**
> ➤ **所属部门：**
> ➤ **工作关系：** 直接上级（职务名称），直接下级（职务名称）
> ➤ **工作职责：**
>   ✓ 目标层：需要达成的工作目标
>   ✓ 行为层：需要承担的工作职责和工作任务
> ➤ **任职资格：**
>   ✓ 基本条件：学历、专业、资质、资格证书等要求
>   ✓ 知识和能力要求：工作经验、专业知识和技能、通用知识和技能等要求
>   ✓ 关键内在素质：应具备的品格、价值观、态度、动机、个性

图 5-3　关键岗位说明书模板

第四，确立人才标准。我们需要一套适用于专业人才梯队和管理人才梯队的通用人才标准。人才标准与任职资格有所不同，任职资格是针对每个具体岗位的，具有个性化和具体性特点。而人才标准则具备普适性和通用性，构成了一套人才评估的度量衡体系。例如，在人才盘点中最常用的人才标准是人才盘点九宫格，其中纵轴代表绩效标准，横轴代表潜力标准。

在通用电气、阿里巴巴等知名企业中，潜力的标准被定义为核心价值观。这些核心价值观并非虚无缥缈，而是具有实质性，它们被具体化为可操作的行为准则。以阿里巴巴为例，其客户至上的价值观被细分为五个层次，从低到高依次是：第一级，尊重他人，无论何时何地都要维护公司的形象；第二级，面

对投诉，始终保持微笑，积极主动地为客户解决问题；第三级，在与客户的交流过程中，即使问题并非自己的责任，也不推诿；第四级，站在客户的角度思考问题，在坚守原则的同时，力求达到客户和公司的双赢；第五级，具备超前的服务意识，防患于未然。

第五，构建激励体系。这一体系涵盖了绩效管理体系、全面薪酬福利体系、晋升调整淘汰体系、任职资格体系、职业发展体系，以及人才培养赋能体系等多个方面。根据人才标准，我们将人才划分为四个梯队（见图 5-4）：第一梯队 1 号格，第二梯队 2、3、5 号格，第三梯队 4、6、7、8 号格，以及第四梯队 9 号格。不同梯队的人员需要采取差异化的激励措施。第一梯队人数占比为 5% ~ 10%，我们将重点关注其提拔和优先奖励。第二梯队人数占比为 10% ~ 20%，我们将与第一梯队进行对标切磋，并适当倾斜奖励。第三梯队人数占比为 60% ~ 80%，这是体量最大的一个梯队，我们将重点持续孵化培养。第四梯队人数占比为 5% ~ 10%，我们将重点激发他们的斗志，营造忧患意识，并适当调整淘汰人员。

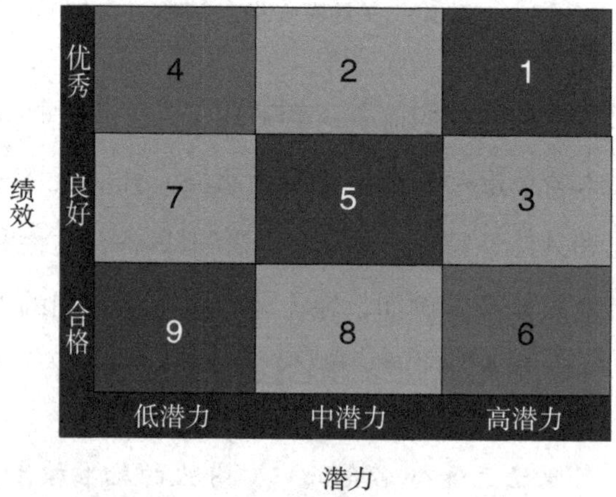

图 5-4　人才盘点九宫格

如果员工能够清楚地了解本企业的职业发展通道，他们将有机会思考和设计个人发展规划，并与直线经理进行沟通以达成共识，从而获得必要的资源和支持。此外，员工也会明确职业发展的路径和条件，了解不同角色的责任、权力及薪酬福利的差异。这样，员工更有方向感和目标感，不再是被动地学习、奋斗，而是主动地学习、奋斗。

行远公司的晋升体系曾经历过一段曲折的历程，其中提拔管理者的方式陷入了三种误区：一是唯能力论，该观点认为一个人的能力是最重要的，然而，即使一个人具备出色的能力，但如果在工作中无法展现出相应的行为表现，并且对组织没有实质性的贡献，那么他充其量只是一个摆设而已；二是唯业绩论，该观点认为业绩是评判一个人是否应该被提拔的唯一标准，然而业绩往往是短期的、片面的，这种方法往往将优秀的业务专家转变为平庸的经理，类似的例子不胜枚举；三是唯资历论，该观点认为资历是评判一个人是否应该被提拔的唯一标准，这种论资排辈的做法容易导致主观臆断和偏颇的结果。

经过李总、刘经理以及核心团队的深入分析，他们意识到在管理岗位晋升的过程中，有几个关键因素需要特别注意。首先，需要考察候选人是否具备领导素质，如成就动机和影响他人的意愿等。这些素质往往难以培养，企业认为可以在上岗后进行针对性的培养和锻炼，但实际上，这种做法有时只是徒劳无功。其次，需要观察候选人在日常工作中是否展现出相应的管理和领导行为。具备管理素质的人通常会表现出影响他人的行为特征，善于建立关系，并对人际关系保持敏感等。最后，需要考察候选人的贡献。贡献与绩效不同，绩效强调短期表现，如本季度的工作成绩优秀，考核结果为"优"，这属于绩效范畴。而贡献则综合考虑了短期和长期的表现。候选人取得的工作成果当然算作贡献，但如果候选人能够培养他人，对组织而言则是长期贡献。如果候选人能够将知识和技能进行细化、整理和创新，并将其传递给公司其他人，那么这将是更为深厚和长远的贡献。相对而言，后两者对于组织的长期发展更为重要，这也是组织对管理者最重要的要求之一。

同时，行远公司的核心管理团队通过集体复盘，充分达成共识：公司的激励机制至关重要。这个机制包括工资、提成、晋升和培训发展等方面。特别是对于销售型公司来说，如果机制设计不科学，公司很难实现规模化发展。

为了实现3年业绩翻番的目标，仅仅依靠营销部门是不够的，必须发挥全体员工的主观能动性、创造性，并整合更多的资源。因此，针对非营销岗位，行远公司设计并试运行了全员营销机制。那么，如何鼓励这些非营销岗位参与营销呢？公司不要给他们设定任务，而要激励他们。在做好本职工作的前提下，非营销岗位开发了客户，那么如何进行提成呢？公司设计了三个激励机制：第一，对于单独开发的客户，给予全部提成；第二，对于合作开发的客户，按照一定的比例提成，并制定相应的规章制度，如统一规定合作开发比例为3:7或者5:5等；第三，对于提供销售线索信息但不参与开发的人员，给予一次性奖励。

针对现有销售岗位的提成奖励机制，公司进行了优化和创新。其中一项举措是首单提成政策，即对于开拓新客户并成功成交的第一笔订单，公司将额外增加3个百分点的提成。这一机制的引入使得许多销售人员积极吸引和开发新客户，从而实现了正向的牵引效应。另外，公司还推出了周期内第一波提成的政策。具体而言，无论是前3个月还是前6个月，只要在这个周期内引进的新客户，都将获得更高的提成比例。此前，行远公司将12个月作为一个奖励周期，平均每个月提供5个百分点的提成。然而，为了进一步激发销售团队的积极性，公司决定将这个周期拆分为前4个月提供7个百分点的提成、中间4个月提供5个百分点的提成以及后4个月提供4个百分点的提成。

综上，要打造高质量人才梯队，首先要清楚对于企业而言，"高质量人才"的定义是什么。评估人才的重要依据之一就是企业文化，包含长期目标：企业愿景和使命，核心价值观的可衡量的行为标准，以及未来1～3年企业的中期目标，需要什么样的人来支撑企业的中长期发展。同时为了评估整个组织的健康度、关键部门的健康度以及关键岗位的人岗匹配度和人才数量、质量、结构缺口，企业需要具备相对明晰的组织结构图和关键岗位说明书。企业还需要定义通用的人才标准，如绩效标准、能力标准、潜力标准、价值观标准，这些标准应该基于客观数据和分析，而不是主观决策。根据这些人才标准，企业可立足当前并着眼于未来，通过战略解码和人才盘点，制定企业的组织地图和人才地图。同时，配套激励机制并对人才进行差异化激励，形成闭环，打造企业人才供应链，以助推企业实现可持续、高质量发展。

在实际操作层面上如何有效地实施人才梯队建设项目，我们可参考以下五步。

第一步，确定关键岗位。通过应用关键岗位评估三原则和工具表，对企业的关键岗位进行评估，确定其优先级排序，并制定关键岗位人才梯队建设规划图。同时，与企业高管达成共识，确保该规划得到认可和支持。

第二步，实施人才盘点。对企业关键岗位的人才现状进行全面评估。通过人才盘点，制定人才地图，其中包含关键岗位人才现状的健康度，第一、第二、第三、第四梯队的布局情况，以及相应的人才培养和激励措施。

第三步，制定学习地图。为了有效培养人才，我们需要有明确的指导方针，并整理出课程体系和可视化呈现的学习地图。

第四步，整合核心资源。在人才培养过程中，我们可以采用多种资源和机制，如70%的实践学习（如OJT、轮岗、实践复盘、项目历练、行动学习等），20%的互相学习（如导师制、内训师机制、案例分享、知识管理等），以及10%的课堂学习（如课程体系资源、学习地图资源）。

第五步，落地培养应用。以目标为导向，注重效果，采用闭环思维确保项目的成功落地。通过试运行来检验关键岗位梯队建设的效果，并与前期设定和共识的SMART项目目标进行对标，包括储备人才数、绩效表现、培养周期、敬业度等方面。同时，还需要检验是否达到了预期的目标，是否有阶段性的进步，如是否成功储备了相应的人才数量，缩短了胜任周期，加速了人才的胜任和成长，提升了员工的敬业度等。

为了确保项目的顺利进行，我们需要组建一个专门的项目组来负责具体的实施工作。那么，这个项目组由哪些成员构成，各自的分工如何？结合业内最佳实践，人才梯队建设项目人员角色和分工如表 5-3 所示。

表 5-3　人才梯队建设项目人员角色和分工

角色	分工
培训管理者（HRBP 或人才发展经理）	组织、协调及跟进 搭建平台、整合资源、完善机制、赋能业务
高管	评审结果 提供资源和支持
岗位能手	贡献知识、经验 负责梳理工作
人才培养专家	贡献方法 负责梳理工作的引导促动、教练辅导

在构建高质量人才梯队的过程中，项目化运作和项目式管理是至关重要的。为了实现这一目标，我们需要将复杂的任务分解为简单的步骤，并将其划分为三个阶段：立项阶段、赋能阶段和评审阶段。每个阶段的参与者和输出成果如表 5-4 所示。

表 5-4　人才梯队建设项目管理

因素	立项	赋能	评审
参与者	• 高管 • 培训管理者（HRBP 或人才发展经理）	• 人才培养专家 • 岗位能手 • 培训管理者（HRBP 或人才发展经理）	• 高管 • 岗位能手 • 培训管理者（HRBP 或人才发展经理）
输出成果	• 确定项目的目标 • 明确企业的关键岗位 • 有效配置人、财、物资源	• 梳理人才标准 • 梳理人才培养 721 方案	• 评审人才标准 • 评审人才培养 721 方案

第一阶段：立项。关键的利益相关者主要包括企业的高管及培训管理者。只有确定项目的目标、明确企业的关键岗位，以及有效配置人、财、物资源，

我们才能确保项目的顺利进行。

第二阶段：赋能。在这个阶段，我们将选拔关键岗位的绩优代表，通过工作坊的方式，由专业的人才培养专家引导促动、教练辅导，带领大家进行团队共创，输出人才标准、培养路径和培养方案。为了确保项目的顺利进行，我们将从每个关键岗位中选拔 3～5 名代表，他们需要符合以下三个条件：优秀的业绩、过硬的专业实力、高度的配合意愿。此外，我们还将邀请关键岗位的 1～2 名直线经理参与项目，他们要拥有全局思维，能够查漏补缺。同时，我们还将借助外部力量，即外部人才培养专家 1 名，以及联合培训管理者 1 名，共同组成一个 6～9 人的项目组。在为期 2～3 天的团队共创过程中，我们将梳理关键岗位的人才标准。同时，我们将对标人才标准，根据查漏补缺的原则，制定混合式、立体化、训战结合、工学融合的人才培养解决方案。这将加速关键岗位人员的绩效提升，为企业打造关键岗位人才梯队。

第三阶段：评审。在工作坊中，首先，我们成功产出了关键岗位的人才标准 1.0 版本及关键岗位人才培养 721 整体解决方案 1.0 版本。其次，我们将与该关键岗位的其他绩优人员进行集体评审，以查漏补缺，并输出 2.0 版本。最后，我们将邀请该部门负责人和企业高管进行最终评审和把关，以确保项目成果的精益求精，并输出 3.0 版本的项目成果。我们坚信，有参与就有支持，有参与就会重视。因此，我们将运用借力思维来推动项目目标的达成和项目成果的落地。通过高管、岗位能手及培训管理者的充分参与，我们将达成共识。

综上，首先，培训管理者需要提升维度，学会借力。由于人才梯队项目是一把手工程，仅凭人力资源部门的力量难以实现目标。只有高管真正重视和支持，愿意参与和投入，才能使这一系统工程得以落地。其次，培训管理者需要进行全面规划，提升专业能力。培训管理者应致力于打造自身的专业能力，通过全局思维，推动高质量人才梯队建设工作的完成。最后，培训管理者需要降低维度，采用联盟思维和项目化运作的方式进行专业化运营。培训管理者应通过联盟思维和项目化运作的方式，建立由高管和关键岗位代表、外部人才培养专家组成的项目组。通过专业化运营，明确关键岗位、设计人才培养路径和培养方案，为企业前瞻性地打造人才供应链，源源不断地供应高质量人才，以支撑业务的可持续、高质量发展。

人才梯队建设对于企业的生存和发展具有深远的意义。正如古人所说："江山代有人才出，各领风骚数百年。"只有拥有一支强大的人才队伍，企业才能在激烈的竞争中立于不败之地，实现可持续发展。

转型升级期企业人才培养实践案例

行远公司要实现宏大的战略目标就必须进行战略解码、目标分解。张总在经营会上和各部门负责人沟通，将战略目标分解到营销部、研发部、工艺技术部、生产部等各个部门。其中，研发部和工艺技术部主要负责品类多元化、工艺自动化、数字化转型战略落地，生产部主要负责生产工艺自动化、数字化、智能化生产、新品类生产战略落地。

在公司的组织架构中，研发部、工艺技术部及生产部的负责人都是与张总共同创立公司的元老级人物。他们中的80%都具备扎实的技术背景。此外，其他部门的中层管理者也大多具备技术背景，其中20%是通过内部选拔晋升的，而80%则是通过外部招聘加入的。在这些管理者中，有50%的司龄不足2年，30%的管理者在公司任职3～5年，而剩下的20%的管理者已经在公司工作了5年以上。

内部提拔的管理者，在管理方面基本凭个人经验。以生产部的沈经理为例，他已在公司工作了5年，从一名技术员逐步晋升为生产一部经理。然而，自从去年担任经理职务以来，沈经理每天都感到疲惫不堪。为了确保生产任务的顺利完成，他不仅要解决技术问题，还要时刻关注设备维护和车间的安全卫生管理。此外，他还需要抽出时间处理基层员工之间的矛盾。

沈经理一向不太愿意用强硬的手段管理员工，他深信通过工作的挑战和锻炼，员工能够自我提升。然而，他发现员工的主动性并不理想，员工在遇到问题时，缺乏独立思考和解决问题的能力，而是习惯性地向他寻求帮助。这使得沈经理感到力不从心。在行远公司，沈经理所面临的问题并非个案，其他人都遇到了类似的困境。

随着行远公司的迅猛发展，业务范围也在急剧扩大。各部门对于人才的需求日益迫切。然而，部门经理在人才选拔方面仍存在一定问题，他们过于重视外部招聘，而忽视了内部培养的重要性。在外部招聘过程中，部门经理往往陷入一种思维定势：过分强调候选人的工作经验，却忽视了他们的价值观；过分关注技术能力，却忽视了沟通、协作能力；过分追求顺从听话的员工，却忽视了创新精神的价值。

在内部管理方面，为了应对模式、业务、产品升级和转型的挑战，公司需要确保多元化、多品类的目标与工艺自动化、数字化的目标都能有效落地。因此，研发部、工艺技术部、生产部等部门的业绩目标压力都很大。这些部门的管理者既要面对公司的新要求、新任务、新指标，又要面对管理过程中的各种新挑战。例如，现在基层员工很多都是95后，部门指标分解到个人后，有些员工消极怠工，有些有明显的畏难情绪和抵触情绪。面对基层员工的负面情绪，部分经理也陷入情绪化，用简单粗暴的方式批评指责员工，言辞激烈更激化了矛盾。

各部门的业绩指标压力都很大。大家忙于达成本部门的目标，经常出现只关注本部门业绩，不配合其他部门的情况。有时甚至会出现相互推诿责任、彼此拆台的现象。部门之间的隔阂和各自为政的问题变得越来越严重。

因此，行远公司亟待解决以下问题。

1. 如何重塑管理者的角色和思维方式？

2. 如何为新晋和新进的管理者提供赋能支持？

3. 管理者应如何智慧地筛选优秀人才？

4. 管理者应如何辅导和激励新生代员工？

5.管理者应如何带领团队实现跨部门协同，优化流程，提高质量和效率？

如何有效地解决以上这些问题？从何处着手？为此，我们需要了解 IBM 的业务领先战略模型（BLM），如图 5-5 所示。

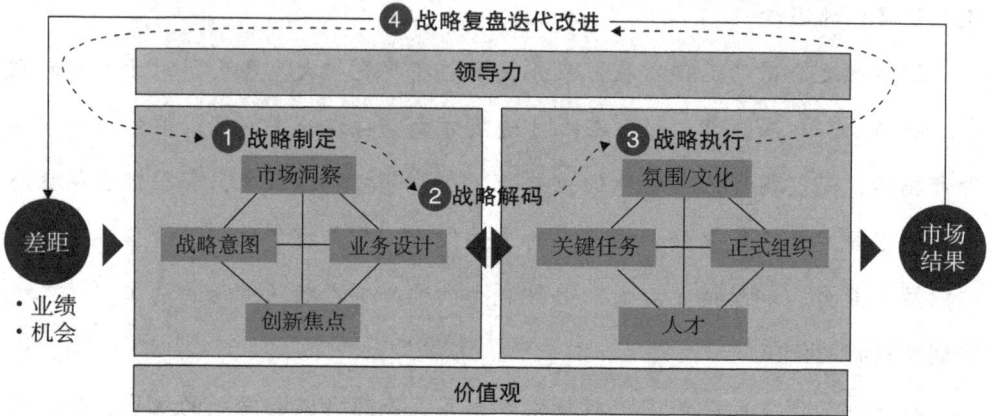

图 5-5　IBM 的业务领先战略模型（BLM）

为了解决以上问题，行远公司决定启动领航领导力赋能项目。该项目的主要目标是为公司培养 30 名符合公司发展要求的部门经理。同时，公司也将着手解决管理者跨部门合作的问题，制定并试行一套全新的跨部门合作流程，以期在短期内取得显著的成果。转型升级期敏捷型人才培养体系建设作战地图如表 5-5 所示。

表 5-5　转型升级期敏捷型人才培养体系建设作战地图

项目	措施
支持体系	从环境和个人要素双管齐下，赋能中层管理者 环境要素：完善绩效管理体系 个人要素：借事修人、行动学习
课程体系	内外结合、双导师制：内部导师＋外部导师 同侪教练、社群学习：聚焦问题，相互切磋 双闭环赋能：外部专家赋能闭环＋内部行动学习闭环
师资体系	阅读经典书籍：《卓有成效的管理者》《高效能人士的七个习惯》《轻有力》《团队协作的五项障碍》《情商》

（续表）

项目	措施
经营体系	经营目标和结果：第一期试运行 6 个月初见成效 研发部、工艺技术部、生产部各输出 10 名答辩合格的中层管理者 聚焦 5 个现实问题，输出 5 套解决方案、30 个管理案例、30 份 IDP 操盘流程：人才测评 – 设定目标 – 设计项目 – 实施项目 – 复盘优化 特别关注：行动学习项目设计和管理

目前行远公司采用的是 KPI 绩效管理机制，各业务部门的考核方式如表 5-6 所示。

表 5-6 行远公司绩效考核指标（优化前）

维度	指标 / 权重	销售部门核心职责 & 关键结果	生产部门核心职责 & 关键结果	研发部门核心职责 & 关键结果	客服部门核心职责 & 关键结果
财务层面	销售额达 30 亿元	销售额达 24 亿元			
	利润额达 6 亿元	利润额达 4.8 亿元			
客户层面	客户满意度 > 99%				客户满意度 >99%
	投诉率 <1%		客户投诉率 <1%		投诉率 <1%
流程层面	交付周期 <××个工作日	缩短成交周期	产品交付日期早于交付截止日	解决方案提供时间早于交付截止日	

各部门在整个业务价值链中是相互联系的，任何一个环节出现问题都会导致整体价值的减少。然而，现有的绩效管理机制存在以下问题。

第一，各部门的绩效目标只关注了整体目标的某个方面。例如，销售部门的绩效目标仅围绕财务和流程层面，而忽视了客户层面。这容易使销售部门只关注短期销售业绩，而忽视了客户满意度。为了争取订单，销售部门可能会过度承诺，导致无法按约定交付，最终失去新老客户的信任。

第二，各部门的绩效目标是彼此孤立、相互脱节的，无法形成合力。例如，只有销售部门在财务层面设定相应的绩效指标，而其他部门没有设定。这导致中台和后台部门缺乏经营意识、价值意识和成本意识，从而对企业的经济效益产生严重影响。销售部门努力调查和挖掘客户需求，但研发部门和工艺技术部门有时会以一句"无法满足该需求"为由拒绝销售代表的要求，或者生产部门和供应链部门有时会以一句"交付周期太紧张，无法实现"来回应销售部门的请求。这种部门之间的隔阂和各自为政的问题实际上是严重的熵增和内耗现象，严重阻碍了企业的经济效益和组织效能的最大化，导致整体绩效不佳。

第三，当前的绩效指标设计过于偏重业务工作，而忽视了对人力资源的关注。各个业务部门的绩效指标都缺失了关键的底层逻辑：团队的学习和成长。绩效目标作为风向标，具有极强的引导作用。然而，过度关注业务、财务、流程和有形资产，导致经营管理者忽视了企业的本质和管理的本质。企业的核心是人，没有人才，业绩从何而来？管理的本质在于借力和因人成事，通过培养团队来实现业绩目标。管理者的个人业务能力再强，如果不能有效地组建团队、设定目标、带领队伍，团队目标将难以实现，即使实现了也无法持久。因此，在绩效目标设计上，不能急功近利，只关注业务而忽视人力资源，只看眼前利益而忽视长远利益，只看有形资产而忽视无形资产。业务需要人来执行，没有强大的团队支持，就无法持续取得良好的业绩。

综上，公司就绩效目标体系提出以下改善建议，具体如表 5-7 所示。

表 5-7　行远公司绩效考核指标（优化后）

维度	指标／权重	销售部门核心职责＆关键结果	生产部门核心职责＆关键结果	研发部门核心职责＆关键结果	客服部门核心职责＆关键结果
财务层面	销售额达 30 亿元	销售额达 24 亿元	按时保质保量交付订单产品	产品研发周期 <×× 天	销售额达 6 亿元
	利润额达 6 亿元	利润额达 4.8 亿元		产品满足市场需求、变现率	利润额达 1.2 亿元
客户层面	客户满意度 >99%	客户满意度 >99%	客户满意度 >99%	客户方案采纳率	客户满意度 >99%

（续表）

维度	指标 / 权重	销售部门核心职责 & 关键结果	生产部门核心职责 & 关键结果	研发部门核心职责 & 关键结果	客服部门核心职责 & 关键结果
客户层面	投诉率 <1%	客户投诉率 <1%	客户投诉率 <1%	客户投诉率 <1%	投诉率 <1%
流程层面	交付周期 <×× 个工作日	成交周期 <×× 个工作日	交付周期 <×× 个工作日	解决方案的提供时间 <×× 天	客户问题的响应速度、解决速度
团队学习与成长层面	关键岗位人才保留率	绩优销售代表关键人才保留率	绩优人才（班组长）保留率	绩优人才（技术骨干）保留率	绩优人才（绩优员工）保留率
	关键岗位人才储备数	销售骨干保留率和销售管理者储备数	新员工培养周期班组长储备数	高端技术人才和管理人才储备数	基层管理者储备人数

　　在设定绩效目标时，我们应从财务、客户、流程和团队学习与成长四个层面进行考虑。只有构建一支训练有素、富有战斗力、凝聚力和向心力的团队，才能支撑精细化运作流程，确保各业务价值链的高效流转，从而实现提质增效。高效的业务流程有助于打造企业的产品力、销售力、交付力和服务力，进而形成企业的核心竞争力。在此基础上，我们致力于为客户创造价值，为新老客户提供优质的产品和服务体验，从而使客户满意和保持忠诚。客户是企业安身立命之本，只有为客户创造价值，企业才能实现财务目标。然而，若没有第四层的持续学习和成长的高绩效团队作为支撑，以上三层目标的持久达成将无法实现。正如古人所说："根基不牢，地动山摇。"如通用电气、惠普、华为和阿里巴巴等企业，在为管理者设定绩效目标时，都将团队学习和成长的目标权重设定在 30% ~ 50%。宝洁公司的绩效考核结果中，有 50% 的分数来源于培训等组织贡献评估。宝洁公司甚至规定："晋升中国区总经理必须从十佳内训师中选出。"这些企业深知底层逻辑的重要性：管理者是打造高绩效、高敬业度团队的第一责任人。通过运用绩效目标这一杠杆，企业可以充分调动管理者对人才的重视程度，从根本上解决管理者重事轻人的问题，并从制度上加以保障，为打

造高绩效的组织奠定坚实的基础。

同时，通过调整绩效目标，也有助于解决部门之间的壁垒问题。以财务层面为例，不仅销售部门需要承担财务目标，生产部门、研发技术部门和客服部门也需要承担责任。为了实现业绩的持续增长，不仅销售部门要冲锋陷阵，其他部门的协同作战和紧密配合也至关重要。当销售部门获得客户需求时，研发部门和工艺技术部门需要积极寻找解决方案。市场部门和研发部门需要前瞻性地洞察市场需求，迅速研发产品，缩短产品研发周期，并根据市场反馈进行敏捷迭代。采购部门和生产部门需要积极寻找办法，按时、保质、保量交付产品。客服部门需要热情地为新老客户提供服务，提升客户忠诚度，促进客户的重复购买和持续合作。这种目标设计能够让各部门既能分清主次，又能找到彼此之间的联系。各部门认识到本部门和其他部门的目标不是孤立的，而是相互联系、彼此依赖的。除了重视本部门的具体目标外，还要关注整体的宏观目标，培养大局意识和全局观念。同时，还提供了薪酬激励措施，如在公司整体目标达成的情况下，从利润中拿出 20% ~ 30% 进行年终分红。

上市筹备期企业人才培养实践案例

行远公司目前正处于业务快速扩张的阶段，然而要实现三年业绩翻番并成功上市的目标，并非易事。销售部周总和市场部吴总认为，要实现这一目标，需要关注五大关键要素：第一，继续巩固和扩大长江三角洲地区的市场份额，第二，积极开拓和布局珠江三角洲地区的新市场，第三，对产品和服务进行升级，第四，优化销售策略，第五，提升员工素质。这五大关键要素的核心在于人。要在原有市场上取得突破、在新市场上破局、在产品和服务策略上实现升级，从根本上来说，都需要人的全面提升。因此，公司不能依赖过去的方法和思维来期待新的突破。

让周总头疼的是，新销售团队的适应速度较慢，业绩产出周期较长；而原有销售团队的业绩表现参差不齐，差距较大。销售冠军能够实现年销售额1 200 万～1 500 万元，中等业绩的销售代表能实现年销售额 800 万～1 000 万元，而业绩差的销售代表仅能实现年销售额 500 万～600 万元。在竞争日益激烈的市场环境下，几乎所有的销售代表都面临着三大挑战：吸引新客户、争取大客户以及维持老客户的忠诚度。为了在珠江三角洲地区的市场取得突破，周总需要一支强大的团队。通过人才梯队建设项目，周总已经确定了区域销售总监和销售经理的人选，但他们仍然需要进一步提高开拓新市场的能力，并做好充分准备。

因此，周总决定寻求人力资源部李总和刘经理的帮助，将销售部门各个岗位的知识和经验进行梳理，并建立一个完善的培训体系，以提升销售团队的综合实力。这样，新销售人员可以更快地适应岗位要求，老销售人员的业绩也能得到提升。同时他还计划培养更多的复合型销售人才。周总的这一思路得到了张总的认可。对于销售部门的员工来说，他们也渴望能够得到系统的培训和发展机会。然而，由于各销售区域的销售总监工作繁忙，大部分销售经理和销售代表工作所在地分布在长江三角洲地区，这给培训带来了一定的困难。

针对大客户开发，行远公司的战略架构已逐步调整为大客户战略。为了实现这一目标，公司建立了基础团队、项目团队和特种兵战略团队。同时，公司还为销售代表制定了一条清晰的晋升路径，从基础团队到项目团队，再到特种兵战略团队，以促进他们的职业发展。为了确保销售代表能够逐步晋升，公司制定了一套明确的晋升和评定标准。公司将根据这些标准对销售代表进行五星评定，以评估他们的绩效和能力。通过逐步完善组织架构、管理流程、配套激励和晋升机制等各项措施，公司将大客户战略逐步落地。

同时，要实现三年业绩翻番的目标，仅依靠营销部门的努力是不够的。为了充分发挥全体员工的主观能动性、创造性，并整合更多的资源，行远公司设计并试运行了全员营销机制。然而，如何鼓励非营销岗位的员工参与营销呢？公司不能简单地给他们定下任务，而应该采取激励措施。在完成本职工作的前提下，如果非营销岗位的员工成功开发了客户，那么应该如何给予提成呢？为此，公司设计了以下三项激励机制：第一，对于单独开发的客户，员工将获得全部提成作为奖励；第二，对于合作开发的客户，公司将制定规章制度，明确合作开发的比例，如可以统一规定合作开发比例为3:7或5:5等；第三，对于提供销售线索信息的员工，公司将给予一次性奖励。这些员工并不参与客户的开发过程，但他们提供了有价值的销售线索信息，对于整个销售流程起到了积极的推动作用。因此，公司将给予他们适当的奖励，以鼓励他们继续提供有价值的信息。

为了打造营销部门的培训体系，必须建立内训师机制。设计该机制时需要遵循以下三大原则。

- 以正向牵引为主，多吸引人才，少惩罚或不惩罚。
- 多采取项目制运作，并根据项目要求制定阶段性管理办法，试运行检验行之有效后再固化为制度。
- 以精神激励为主，以物质奖励为辅，侧重引导身份和价值的认同，激发荣誉感和成就感。

然而，内训师机制的实施面临两大难题。

- 如何解决部分管理人员动力不足以及缺乏培训技能的问题？
- 如何解决部分专业人员和技术骨干担任兼职内训师动力不足的问题？

解决这两大难题的策略和理念如表 5-8 所示。

表 5-8 解决内训师机制实施难题的策略和理念

策略	对象	理念
管理者是第一培训师、第一教练、第一导师。管理者责无旁贷，以身作则	所有管理者	各层级管理者经过训练都能成为合格的内训师、教练、导师 培训是管理者的重要管理抓手，培养和辅导下属是管理者的职能要求
用最优秀的人培养更优秀的人。德才兼备，能者为师	部分专业人员和技术骨干	只有德才兼备的员工才能成为内训师，内训师身份是荣誉、价值的体现 选择有意愿、有能力的优秀专业人员、技术骨干担当内训师

经营体系、师资体系和课程体系三者相辅相成，构成了一个比较完整的培训体系。我们的目标是通过敏捷的作战和运营方式，规划销售部的内训师体系建设，这个过程可以分三个阶段进行，具体如图 5-6 所示。

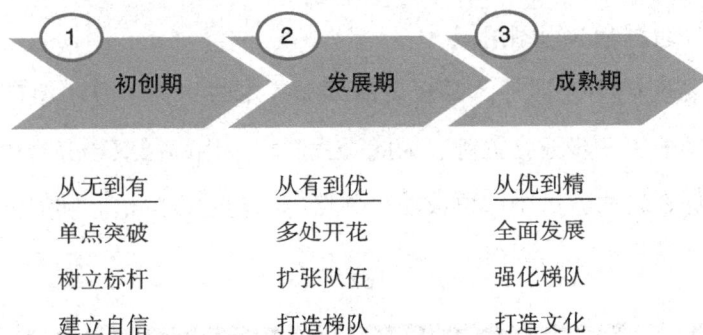

① 初创期	② 发展期	③ 成熟期
从无到有	从有到优	从优到精
单点突破	多处开花	全面发展
树立标杆	扩张队伍	强化梯队
建立自信	打造梯队	打造文化

图 5-6 内训师体系建设三阶段规划

第一阶段，初创期。我们要从 0 开始逐步实现单点突破。因为我们没有经验，缺乏信心，所以我们的目标是确保第一次尝试能取得小小的成功，从而建立自信。我们需要寻找合适的试点项目，并建立成功的标准。我们的最低目标是确保人员、课程和成果的产生，我们的理想目标是师课获得好评。

行远公司正处于这个阶段，公司将以营销部为试点，打造成功的标杆。首战必胜是公司的唯一选择，只能成功，不能失败。

第二阶段，发展期。这一阶段将是一场持久战，我们需要不断查漏补缺，确保内训师体系能够持续发展。我们已经成功地试点了一个项目,这将为我们带来更多的机会和可能性。通过不断的积累和完善,我们将夯实基础,持续运作,确保内训师体系的长期稳定。在第一阶段,我们已经初步确立了内训师项目的管理框架。在此基础上,第二阶段我们将进一步规范化流程,制定明确的规章制度,构建完善的体系,逐步建立健全内训师体系。我们将设立不同级别的内训师,如公司级内训师、集团级内训师、专业类内训师和管理类内训师等。同时,我们还将完善不同级别内训师的选拔标准、职责使命和激励机制。

第三阶段,成熟期。我们将采取一种更精细的策略,以优化成果为目标,从一家成功的公司扩展到多家公司,巩固我们的成果并复制成功经验。同时,我们将加强知识管理,强化分享机制,并传承分享文化。为了实现这一目标,我们将组建一支跨公司、跨职能的复合型人才内训师队伍。这支团队将帮助我们打造无边界组织和学习型组织。

我们已经明确了内训师体系建设需要循序渐进,而不是一蹴而就。因此,如何迈出坚实的第一步成为关键。为此,我们将采用师课双建五步法,如图 5-7 所示,以确保在首次尝试中取得成功,并培养敏捷建设的信心和能力。

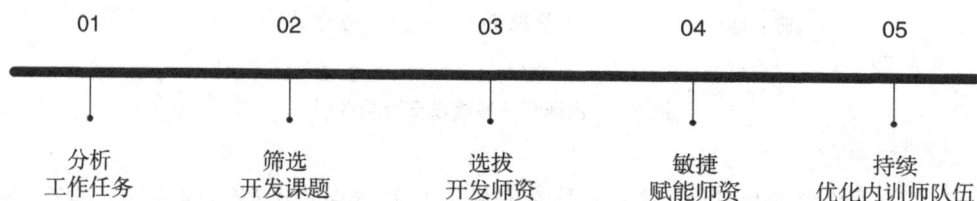

01	02	03	04	05
分析 工作任务	筛选 开发课题	选拔 开发师资	敏捷 赋能师资	持续 优化内训师队伍

图 5-7 师课双建五步法

第一步,分析工作任务。通过对销售代表岗位的工作任务进行分析,我们可以梳理出销售代表岗位知识图谱和学习地图,如表 5-9 所示。

第二步,筛选开发课题。我们需要根据开发课题的重要性、应用频次、难度及可培养性来确定投资优先级,如表 5-10 所示。

表 5-9　销售代表岗位工作任务分析（输出成果样例）

主要职责	关键任务	绩效指标	优先级排序	面临的问题和挑战	所需知识/技能	所需资源/工具/政策	解决方案
销售主打产品	挖掘客户需求	100%使用客户需求挖掘提问技巧	第一优先级	• 被客户牵着鼻子走，客户要啥卖啥 • 不会主动引导和深入挖掘客户需求	• 引导和提问技巧 • 深入理解产品知识 • 不同类型客户心理洞察和应对 • 积极主动、热情周到的服务意识	• 需求挖掘提问技巧表/清单	• 需求挖掘提问清单 • 客户类型和心理分析技巧与分析案例 • 典型分析案例清单 • 积极主动服务营销意识
	推荐主打产品	主打产品成交率达标	第一优先级	• 推荐过于随意 • 推荐自己卖习惯的产品，而非主打产品 • 推荐的产品不适合客户	• 主打产品的卖点、优势等产品知识 • 不怕被拒绝	• 主打产品销售倾斜激励政策 • 主打产品推荐技巧 • 主打产品针对不同类型客户的推介文案库	• 主打产品销售倾斜激励政策 • 主打产品知识 • 主打产品推荐的积极销售技巧 • 金牌销售的积极心态和销售技巧 • 梳理主打产品针对不同类型客户的推介文案库
	促成合作成交	成交合同额达××万元	第一优先级	• 强买强卖、客户反感	• 销售促成交技巧 • 不怕被拒绝	• 促销优惠政策 • 成交技巧 • 典型的成功案例	• 服务营销意识，关键销售动作清单 • 说服性销售技巧 • 金牌销售的积极心态和销售技巧

表 5-10　销售部开发课题筛选（输出成果样例）

课题	重要性 （1～5分， 从低到高）	应用频次 （1～5分， 从低到高）	难度 （1～5分， 从低到高）	可培养性 （1～5分， 从低到高）	评估
需求挖掘提问技巧	5	5	5	4	19
客户类型和心理分析	5	3	5	3	16
积极主动服务营销意识	5	5	3	2	15
主打产品知识	5	5	2	5	17
主打产品推荐技巧	5	5	3	5	18
金牌销售的积极心态和销售技巧	5	5	4	2	16
说服性销售技巧	4	5	4	3	16

在表 5-10 的基础上，我们再分析哪些课程需要内部开发，哪些可以直接引进，如图 5-8 所示。

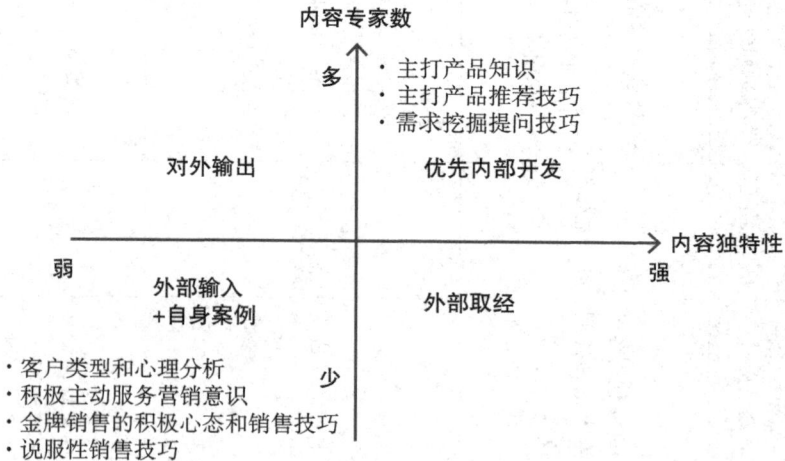

图 5-8　课程开发策略矩阵（输出成果样例）

第三步，选拔开发师资。选拔的标准是什么？是越完美、越全面越好吗？

李总非常重视培训及内训师团队建设，并决定系统化地进行内训师体系建设和管理。为此，他与一家在业界有一定知名度的咨询公司取得了联系，该咨询公司常年为企业提供培训服务。李总向咨询公司咨询了如何选拔企业内训师的问题。

咨询公司为李总提供了一套非常专业的胜任力模型，用于描述优秀内训师的特征和能力。然而，当销售部周总看过该模型后，却感到困惑：按照这个模型的要求来选拔内训师，恐怕目前的候选人中没有人能够符合要求。

企业内训师的特点是兼职而非专职，因为他们本身工作繁忙。为了选拔合适的内训师，我们需要回归业务，进行减法操作，减轻他们的负担，而不是增加他们的负担。以下是从三个维度敏捷、精准地选拔内训师的方法：人课匹配、能力胜任和上级推荐，具体如表 5-11 所示。我们应优先选择那些短板容易弥补的候选人。

表 5-11　内训师选拔工具表（输出成果样例）

选拔维度	说明	细则
人课匹配	内训师是该课题的内容专家	课题明确，优先专业类课题
能力胜任	四力模型	心力：意愿强、爱分享 脑力：专业能力强、善于总结 手力：PPT 等软件操作熟练 表达力：表达清晰
上级推荐	上级认可并支持	激励和发展高潜力员工

第四步，敏捷赋能师资。采取高效赋能内训师的 3E 模式，具体如表 5-12 所示。

表 5-12　内训师 3E 赋能工具表（输出成果样例）

培养策略	培养方法
实践历练	边学边干边输出成果、内训师大赛、试讲
交流切磋	观摩、相互点评、交流反馈
培训赋能	敏捷经验萃取、敏捷课程开发、魅力教学工作坊

第五步，持续优化内训师队伍。我们将通过举办内训师大赛、实施物质与精神双重激励以及采用多元化的训战结合运营方式，来有效地激励和留住优秀的内训师。为了确保这一过程的顺利进行，我们还将制定相应的考核评估体系。具体的内训师能力素质评估表和内训师激励工具箱如表 5-13 和表 5-14 所示。

表 5-13　内训师能力素质评估表（输出成果样例）

评审维度	细分维度	标准说明
课程开发	主题提炼明确，目标清晰	标题描述清晰，长短适宜，有吸引力 学习目标符合业务发展需求，聚焦业务和学员实际问题，针对性强，价值高，具有现实意义
	内容实用、实操性强、要点提炼精准	内容符合业务发展实际需要和学员实际工作需求，内容的实用性、针对性、可操作性强 知识点提炼准确，具有良好的借鉴和参考意义，重点突出
	逻辑结构设置清晰	逻辑结构清晰、合理
	课件制作美观，图文并茂，简洁清晰	图文并茂，清晰专业，简洁大方，字体、格式统一，颜色搭配恰当
	教学法设计恰当（有提问、案例）	根据知识点掌握程度匹配适当教学法，有效吸引学员参与互动，有恰当的提问引导和案例设计
授课技巧	对内容的理解和熟悉度	理解课程内容，能够流畅表达
	交互有变、有提问和案例	提问恰当，有效引导学员思考
	表达清晰，有感染力	熟悉课程内容，能够清晰、生动表达
	台风稳健、自信、专业	神态自然，精神饱满，自信，着装得体，仪表端庄

表 5-14　内训师激励工具箱（输出成果样例）

内训师的需求	激励手法
物质获得感	授课津贴、开发课程津贴、培训物品支持（激光笔、移动硬盘、U 盘等）、学习书籍/资料支持（相应额度费用报销）
职业安全感、成长感	上级领导支持和认可、节假日福利（增加假期、旅游机会）、优先培训机会、外部标杆企业交流、版权课程学习内化、职级提升、导师辅导
归属感	内训师俱乐部、跨界交流会、专业交流会、读书交流会、年度赋能活动

内训师的需求	激励手法
荣誉感	优秀培训团队奖（部门经理带头分享，内训师课程使用，部门绩效达成）、董事长 /CEO 亲自颁发聘书、跨公司交叉授课、金牌内训师评优、内训师风采宣传展示、内训师专属荣誉（徽章、头衔）、以内训师为主题的纪念品（台历、鼠标垫等）、荣誉晚宴、年会颁奖、内训师专属福利（车位、工位）
价值感	优先晋升权、内训师大赛、董事长 /CEO 面对面、年会视频、节日祝福视频

参考文献

［1］ 杰克·韦尔奇，苏西·韦尔奇.商业的本质［M］.蒋宗强，译.北京：中信出版集团，2016.

［2］ 杰克·韦尔奇，苏西·韦尔奇.赢［M］.余江，玉书，译.北京：中信出版集团，2018.

［3］ 高建华.笑着离开惠普［M］.北京：商务印书馆，2006.

［4］ 吉姆·柯林斯.从优秀到卓越［M］.俞利军，译.北京：中信出版集团，2002.

［5］ 吉姆·柯林斯，杰里·波勒斯.基业长青（珍藏版）［M］.真如，译.北京：中信出版集团，2009.

［6］ 张诗信，秦俐.成就卓越的培训经理［M］.北京：机械工业出版社，2011.

［7］ 储琼琳，秦俐.学人不如学己：企业内训师团队建设实务［M］.北京：电子工业出版社，2014.

［8］ 彼得·圣吉.第五项修炼（系列全新珍藏版）：学习型组织的艺术与实践［M］.北京：中信出版集团，2018.

［9］ 杨国安.组织能力的杨三角：企业持续成功的秘诀［M］.2版.北京：机械工业出版社，2021.

［10］ 罗伯特·卡普兰，大卫·诺顿.战略地图——化无形资产为有形成果

［M］.广州：广东经济出版社，2005.

［11］ 彼得·德鲁克.卓有成效的管理者（55周年新译本）［M］.辛弘，译.北京：机械工业出版社，2022.

［12］ 比尔·康纳狄，拉姆·查兰.人才管理大师：卓越领导者先培养人再考虑业绩［M］.刘勇军，译.北京：机械工业出版社，2016.

［13］ 邓斌.华为学习之法：赋能华为的8个关键思维［M］.北京：人民邮电出版社，2021.

［14］ 庞涛.华为训战［M］.北京：机械工业出版社，2022.

［15］ 李常仓，赵实.人才盘点：创建人才驱动型组织［M］.2版.北京：机械工业出版社，2018.

［16］ 戴维·尤里奇，大卫·克雷先斯基，韦恩·布鲁克班克，麦克·尤里奇.赢在组织：从人才争夺到组织发展［M］.孙冰，范海鸿，等译.北京：机械工业出版社，2019.

［17］ 戴维·尤里奇，贾斯汀·艾伦，韦恩·布罗克班克，乔恩·扬格.变革的HR：从外到内的HR新模式［M］.朱翔，蒋雪燕，陈瑞丽，等译.北京：机械工业出版社，2023.

［18］ 理查德·鲁梅尔特.好战略，坏战略（畅销版）［M］.蒋宗强，译.北京：中信出版集团，2017.

［19］ 房晟陶，左谦，樊莉.首席组织官：从团队到组织的蜕变［M］.北京：机械工业出版社，2020.

［20］ 格雷戈·麦吉沃恩.精要主义：如何应对拥挤不堪的工作和生活［M］.邵信芳，译.杭州：浙江人民出版社，2016.

［21］ 吉姆·威廉姆斯，史蒂芬·罗.学习路径图［M］.朱春雷，译.南京：南京大学出版社，2010.

［22］ 史蒂芬·柯维.高效能人士的七个习惯（钻石版）［M］.北京：中国青年出版社，2018.

［23］詹姆斯·M.库泽斯，巴里·Z.波斯纳.领导力：如何在组织中成就卓越［M］.徐中，沈小滨，译.6版.北京：电子工业出版社，2018.

［24］埃德加·沙因.组织文化与领导力［M］.王斌，译.5版.北京：中国人民大学出版社，2020.

［25］彼得·布洛克.完美咨询：咨询顾问的圣经［M］.黄晓亮，译.3版.北京：机械工业出版，2013.

［26］肯·布兰佳，迪克·卢赫.知道做到：如何将KNOW-HOW转化为你想要的结果［M］.刘祥亚，宋云鹏，译.广州：广东经济出版社，2015.

［27］王成.战略罗盘：提升企业的战略洞察力与战略执行力［M］.北京：中信出版集团，2014.

［28］王成.人才战略：CEO如何排兵布阵赢在终局［M］.北京：机械工业出版社，2020.

［29］亨利·明茨伯格.卓有成效的组织（珍藏版）［M］.魏青江，译.北京：中国人民大学出版社，2012.

［30］罗伯特·西奥迪尼.影响力（全新升级版）［M］.闾佳，译.北京：北京联合出版公司，2021.

［31］何欣.重新定义培训：让培训体系与人才战略共舞［M］.北京：中国法制出版社，2018.

［32］田俊国.上接战略 下接绩效：培训就该这样搞［M］.北京：北京联合出版公司，2013.

［33］奥托·夏莫.U型理论：感知正在生成的未来（全新升级版）［M］.邱昭良，王庆娟，陈秋佳，译.杭州：浙江人民出版社，2013.